상처입은 당신을 위해

아프면 울어도 돼

작가의 말

어린 시절 할머니의 손을 잡고 세상 여러 곳을 다니며 늘 사랑을 가득히 받고 자랐습니다. 그럼에도 늘 궁금했죠. 난 왜 할머니 손에 자랄까, 우리 엄마는 내가 첫째인데 왜 날 키우시지 않았을까…. 부러울 것 없는 사랑과 좋은 환경 속에 자라면서도 마음 한 켠에는 늘 외로움이 익숙하게 자리하고 있었습니다.

어린 시절 저의 친구는 커다란 라일락 나무였어요. 5월이 되면 살랑거리는 바람의 숨결에도 꽃잎이 흐드러지게 떨어지는데, 초등학생인 저는 그 아래에 앉아 머리 위로 흩뿌려지는 나무의 위로를 벗삼아 그렇게 마음을 달래곤 했죠. 그때부터였던 것 같아요. '마음'에 관해 관심을 두기 시작한 무렵이요. 점점 자라면서 사람과 사랑, 존재와 삶에 대한 깊고 깊은 생각을 하게 되었어요. 이른 나이에 마음챙김 명상을 배우겠다 마음을 먹고 실존적 고통에 대한 이유를 사유하기 시작했죠. 그리곤 자연스럽게 심리학자가 되었어요.

어느 날, 한 제자가 제게 묻더군요.
어떤 마음으로 이 길에 서 계시나요?

사실 이 질문을 참 많이 받아요. 저는 늘 이렇게 생각해요. 누군가의 고통에 초대된 삶을 업으로 사는 만큼 진솔해야 하고, 진심이어야 한다고 말이죠. 20여 년간 수많은 내담자들을 만나왔어요. 언젠가 한 출판사에서 "그동안 도움을 드린 내담자가 대략 몇 분이세요?"라고 물으시더라구요.

한 번도 생각해보지 않은지라 답을 선뜻 드리지 못하다가 가만히 생각해보니 대략 2만여 분이 넘었어요. 그분들 중에는 초등학생 때 만났다가 이제 가정을 꾸려서 그 자녀들에 관한 이야기를 나누게 된 분도 있고, 힘들고 아픈 시기를 잘 넘겨서 건강하게 성공적으로 삶을 잘 이끌어가는 분들도 있어요. 참, 감사하고 반가운 일이에요. 헤아릴 수 없는 사연들을 만나고, 함께 울고 웃으며, 세월이 가요.

**우리들이 겪는 고민은 늘 한결 같아요.
저 또한 다르지 않죠.**

일에 대한 괴로움, 사람으로 인한 크고 작은 고통, 미래에 관한 염려…, 삶을 살아가기에 마주하는 실존적인 문제들이죠. 그렇지만 저는 조금 더 빨리 벗어날 줄 알고, 마음을 추스를 줄 알고, 회복탄력성이 꽤나 좋은 편이에요. 이유는 간단해요. 제 삶의 일들에 여러 심리학적 기법들을 열심히 잘 쓰고 있기에 수월하게 넘기고 사는 것 같아요. 예전에 한 내담자께서 제가 이리 노력하며 지낸다고 했더니 "선생님도 매번 그리 하세요?"라며 놀라시더라구요. 그럼요. 늘 자신을 돕기 위해 최선을 다하며 살아요. 제 마음 안의 일들을 마음 밖에 있는 사람들에게 맡길 순 없잖아요.

10여 년 전인 것 같아요. 문득 클리닉까지 내원하지 못하시거나 여러 이유로 어려움이 있으신 분들에게 도움을 줄 수 있다면, 이곳에서 내담자들에게 들려드리는 해법을 안내해드린다면 참 좋겠다는 생각이 들었어요. 그리고 조금 더 다가가는 심리학자가 되어야겠다는 마음이 홀연히 일어 더 깊은 삶의 현장으로 나아갔죠. 전문가의 손길이 쉽게 닿지 않는 작은 분교, 위기 청소년들이 있는 곳, 멀고 먼 어딘가의 학교들을 무상지원하며 그렇게 몇 년을 보냈어요. 지금도 그때를 생각하면 어떻게 그리할 수 있었는지 여러 생각이 들곤 해요. 그리고 책을 써서 마음의 고통에서 벗어나기 위한 다양한 해법들을 설명드렸죠. 우린 저마다의 괴로움이 있지만 벗어나기 위한 방법을 잘 모르는 경우가 많아요. 그래서 일상에서 잘 해볼 수 있는 방법들을 책에 담는 노력을 기울여 왔죠. 이 책도 그런 의미에서 작업을 하게 되었어요.

《아프면 울어도 돼》는 김도연의 위로이자 여러분들에게 드리는 심리학자의 작은 정성으로 봐주시면 좋겠어요.

제 바람은 하나예요. 우리의 아픈 마음이, 삶에서 피할 수 없는 고통이 책 속에 풀어드린 방법들을 통해 조금 더 덜어지는 거예요. 저는 오늘도 내일도 많은 내담자분들을 뵐 거예요. 처음 이 길에 선 그날과 하루가 다르지 않아요. 그렇지만 문밖에 여러분들이 계시잖아요. 비록 충분한 내용을 다 담지는 못 했지만 자주 고민하는 주제를 담아 실제로 실천해볼 수 있도록 마련했어요. 그리고 몹시 오래전 마음챙김 명상을 통해 제 마음을 돌보고 너르게 헤아리는 법을 알게 되었듯이 이 귀한 방법을 여러분들에게 소개해드리고 싶어서 책 속에 담았어요. 저는 마음챙김 명상을 하루에 1시간 30분 정도 해요. 물론 5분에서 10분 정도의 짧은 명상은 매일 여러 번 하죠. 그 시간 만큼은 제게 부여된 모든 정체성에서 벗어나 오롯이 존재로만 머물 수 있어 좋아요. 저는 그리 쉬어가며 삶을 살아가고 있어요. 마음챙김 명상은 고통을 잘 다루는 방법이자 괴로움을 통해 지혜를 얻도록 돕는 안내서와 같아요. 이 명상을 하면서 행복이나 평안, 고요함을 원하며 시작한다면 작은 불편함도 견디기 어려워지죠. 오히려 있는 그대로를 인식하다 보면 자연히 내려놓아지고, 그제야 평온이 깃들죠. 처음에는 단순하게 해보시길 권해요. 그냥 따라 해보는 거예요. 책에는 마음챙김 명상을 담았어요. 실제로 강연이나 워크숍, 우리 내담자분들에게 직접 들려드리는 그 방법 그대로의 오디오를 글로 옮겼어요.

이 책은 특별한 짜임새로 구성되어 있어요.

일상의 고통을 풀어내는 심리학적 해법과 마음챙김 명상이 함께 포함되어 있죠. 삶의 고통은 피할 수 없지만 그 고통을 잘 다루는 방법을 찾는 것은 중요해요. 제게도 분명 힘겨운 일들이 찾아올 때가 꽤나 많아요. 그때마다 책 속에 담아놓은 내용들을 고스란히 저 자신을 위해 쓰고 있죠. 가만히 돌이켜 보면 참으로 역설적으로 힘든 시간마다 자신을 가장 잘 돌보고 있더라구요. 그러다 보니 제 자신과 친해졌어요. 친구처럼 멘토링하면서 다독이고, 거들고, 일으켜 세우죠.

여러분들을 한 분 한 분 뵙지 못해서 아쉽지만,
책 속의 문장들을 통해서 우리 만나요.
우리, 삶을 잘 길들이며 살아가 봐요.
그리고 어디서든 뵈면 반갑게 인사해요.
책 속의 이야기도 나눠보고,
여러분이 잘 이겨낸 순간도 들려주세요.

어느 날, 정성 어린 메일로 저를 선택해주시고 편집에서 출판까지 수고해주신 시대인 출판부에 깊은 감사를 전해요. 모두가 인연이에요. 소홀치 않게 인연들마다 잘 빚어가도록 할게요.

고맙습니다.

2024년 9월의 깊은 밤에

김도연

차례

작가의 말 ★ 4

#감정 "내 안의 내가 파도처럼 밀려 와"

그래서, 뭐, 어쩌라고? ★ 16
건강한 불안과 신경증적 불안의 차이

내일 걱정은 내일 하려고 ★ 24
두려움에서 벗어나 활력과 의욕을 찾는 법

화가 나면 화를 내야지 ★ 30
분노의 두 얼굴, 표출형과 억제형

생각은 진실이 아냐 ★ 40
감정을 다스리는 알아차림 기술 배우기

거울아, 세상에서 내가 제일 멋지지? ★ 45
열등감에서 빠져나와 내 안의 '강점'을 찾자

마음이 아프면 몸도 아파 ★ 52
감정을 억압할 때 나타나는 신체증상 다루기

스치듯 머문 작은 미소마저도 고마워 ★ 58
부정적인 감정을 치유하는 '감사회로'의 힘

내 속의 가시는 나만 힘들게 해 ★ 62
예민한 사람들을 위한 7가지 감정코칭

오늘도 내일도 나를 사랑해 ★ 72
긍정적인 자기대화(self-talk)로 나를 돌보기

너 때문이잖아, 너! ★ 77
'남 탓'하는 사람들의 특징과 방어기제

터널 속에선 고개를 돌릴 수 없어 ★ 81
우울증을 유발하는 부정적인 생각 다루기

상처는 아프지만 결국엔 아물어 ★ 89
회복탄력성을 키우는 7가지 요인과 대처법

#관계 "나 말고 너 말고 … 우리"

나를 보듯 너를 볼게 ★ 100
자기자비와 타인자비, 마음치유의 열쇠

내가 사랑하는 거 알지? 아는 거 맞지? ★ 106
관계중독에 빠지는 사람들의 특징과 해결방법

우리 사이에 당연한 건 없어 ★ 111
좋은 관계를 위한 첫걸음, 긍정적인 시선

너로 인해, 나로 인해 ★ 115
외로움을 달래는 '자기수용' 연습

너의 말이 내게 가시가 돼 ★ 119
남의 말에 상처입은 나를 돌보기

혼술도 당당하게 ★ 126
타인에 대한 의존성에서 벗어나기

대지가 비를 받아들이듯 ★ 131
가족갈등을 다루는 7가지 해결방법

거울을 보듯 너를 ★ 140
친구관계를 잘 맺기 위한 마음습관

사람들 속에서 나만 바보 같아 ★ 147
불편하고 어색한 인간관계를 극복하는 법

어제가 오는 사랑을 막을 때 ★ 154
애착 유형별 연인관계 특징과 해결법

나를 나로 볼 때 ★ 160
질투심을 다루기 위한 대처방법

상처받고 싶지 않아 ★ 170
거부 민감성을 극복하는 방법

사랑해야지, 소유하려 말고 ★ 174
가스라이팅(Gaslighting)의 특징과 대처방법

나를 위한, 나만의 이야기 ★ 180
타인과의 비교, 모델링 효과 vs 그림자 효과

두려움이 없다면 용기도 없어 ★ 188
'미움받을 용기'를 키우는 5가지 마음습관

#습관 "오늘의 나와 다른 내일의 나"

안 되는 건 없어 ★ 196
'낙관성'을 키우는 5가지 마음습관

확신이 날 움직이게 해 ★ 203
'확신'과 '의지'를 키우는 10가지 마음습관

파도라도 탈 수는 있어 ★ 216
마음을 돌보는 10가지 감정습관

나는 나를 믿어 ★ 225
자신감을 키우는 5가지 마음습관

내일엔 내일의 태양이 있지 않겠어 ★ 234
긍정적인 생각을 키우는 10가지 마음습관

때로는 혼잣말도 필요해 ★ 246
삶을 변화시키는 성공법칙, 긍정확언의 효과

종달새냐, 올빼미냐 ★ 253
아침형 인간과 저녁형 인간, 자기관리법

있는 그대로의 나 ∗ 262
자존감을 키우는 5가지 마음습관

완벽이라는 덫에 갇히면 ∗ 268
완벽주의의 3가지 유형과 효과적인 대처법

오늘을 미루면 내일엔 두 배 ∗ 273
미루는 습관을 바꾸는 단계별 방법

갈림길에 서 있을 때 ∗ 282
가치 있는 삶을 살기 위한 방법

#마음챙김명상 "나를 위한 치유의 시간"

먹기명상	매일 아침, 5분 마음챙김 연습	∗ 22
호흡명상	행복하게 먹고 오감으로 즐기고	∗ 38
바디스캔	몸을 알아차리며 마음을 다스리며	∗ 56
자비명상	자애로 나를 감싸안으며	∗ 70
산명상	마음의 코어를 탄탄하게	∗ 96
자애명상	자애와 사랑으로 나를 돌보기	∗ 104
자존감명상	내면을 더욱 단단하게	∗ 124
미소명상	몸과 마음에 미소의 에너지를 가득히	∗ 138
집중력명상	몰입의 힘을 내 것으로	∗ 168
걷기명상	지금 이 순간에 머물기	∗ 186
격려명상	누군가의 지지와 위로가 필요할 때	∗ 214
축복명상	사랑하고 사랑받기를	∗ 232
수면명상	불면증으로 잠이 안 올 때	∗ 260
소리명상	고요한 내면의 힘을 깨우는	∗ 266
감사명상	내 곁에 있는 행복을 찾아	∗ 280

내 안의 내가 파도처럼 밀려 와

emotion

그래서, 뭐, 어쩌라고?

건강한 불안과
신경증적 불안의 차이

우리는 늘 다가올 미래에 대한 여러 가지 걱정 속에서 살아갑니다. 그런데 걱정은 쉽게 불안이라는 감정을 불러일으키곤 합니다. 적당한 수준의 불안은 자기성장을 위한 노력이나 미래에 대한 준비 외에도 현재를 소홀히 하지 않도록 돕는 등 삶에 긍정적인 영향을 미칩니다. 그러나 불안이 지나치면 사소한 일에도 쉽게 긴장해 대인관계나 업무에서 자신감을 잃기 쉽고, 실패에 대한 두려움으로 해야 할 일을 피하는 경우가 많아질 수 있습니다. 불안한 감정에 압도되어 경험을 회피하게 되면 일시적인 안도감을 느낄 수 있으나, 결코 불안을 극복하는 데 도움이 되지 않습니다.

어떤 일을 앞두고 불안한 감정이 일어나면 '지금 내 마음속 불안이 상황에 적절한 것인가?'를 두고 한 번 더 생각해볼 필요가 있습니다. 혹시 주어진 상황을 충분히 고려하지 않은 채 불안 자체를 문제 삼아 오히려 걱정을 키우고 있는 것은 아닌지 말입니다. 예를 들어, 발표나 면접을 앞두었거나 신학기에 적응해야 하거나 이사나 결혼 등을 앞둔 상황에서는 누구나 일정한 수준의 불안을 느끼기 마련입니다. 이러한 불안은 보편적이기 때문에 '정상적 불안'이라고 부릅니다. 그런데 정상적인 불안인데도 지나치게 신경 쓰면 '신경증적 불안' 상태에 빠질 수 있습니다. 이때는 '내가 잘 해낼 수 있을까'라는 걱정으로 불안을 키우기보다는 '이 상황을 어떻게 잘 해결할 수 있을까'에 집중해 불안을 낮추는 것이 중요합니다.

**불안이 지나치면
과도한 각성과 긴장 상태가 지속됩니다.**

이런 상태에서는 심리적으로 예민해지고 신체적으로 피로감이 쌓이며, 수면의 질이나 주의집중력이 저하됩니다. 일상생활에 지장을 초래할 수밖에 없습니다. 이는 '신경증적 불안' 상태에서 흔히 나타나는 증상입니다. 신경증적 불안에 대해 구체적으로 살펴보겠습니다.

첫째, 일어나지 않은 일에 대해 지나치게 걱정합니다. 이를 '예기불안(Anticipatory Anxiety)'이라고 하는데, 미래의 결과를 낙관적으로 보기보다는 부정적으로 예측하거나 최악의 경우를 상상하면서 두려움을 키웁니다.

둘째, 특정 상황에서 불안 수준이 상황에 맞지 않게 지나치게 높은 경우입니다. 불안에 압도되면 여러 신체증상이 나타날 수 있습니다.

셋째, 불안한 상황이 지나간 후에도 쉽게 심리적으로 회복되지 않는 경우입니다. 긴장이 지속되는 상태에서 또 다른 걱정이 생기면 불안이 확대되는 경향이 있습니다. 이로 인해 항상 불안에 쫓기는 느낌을 받게 됩니다.

> **신경증적 불안의 특징**
>
> - 일어나지 않은 일을 지나치게 걱정한다.
> - 당면한 상황에 비해 불안의 정도가 지나치게 높다.
> - 불안 이후에도 쉽게 회복되지 않고 늘 불안에 쫓긴다.

신경증적 불안상태에서는 상황적 요인을 과대평가하고 자신의 대처능력을 과소평가하는 경향이 두드러집니다. 자신의 통제능력을 낮게 보고 실패의 가능성이나 일어날 위험성을 크게 평가하다 보니 때로는 회피행동을 하게 됩니다. 그러나 회피행동은 궁극적으로 문제를 해결하지 못합니다. 오히려 같은 상황을 마주할 때마다 계속해서 피하게 될 수 있습니다.

신경증적 불안의 가장 큰 문제는 자신의 부정적인 예측과는 다른 결과가 나올 수 있음에도 불구하고 그런 경험을 해볼 기회를 차단한다는 것입니다. 따라서 신경증적 불안을 정상적인 수준으로 조절하기 위한 효과적인 방법이 필요합니다.

불안에서 벗어나
마음의 안녕을 찾으려면

호흡 이완법

스트레스를 받으면 가운데 위쪽의 가슴으로 얕고 빠른 호흡을 하게 됩니다. 이렇게 숨을 쉬는 것은 신진대사의 효율성을 낮추고 자연치유 능력을 억제합니다. 이런 때에 복식호흡은 깊고 천천히 숨을 들이마시고 내쉼으로써 심신의 안정을 찾도록 도와줍니다. 불안을 조절하는 가장 쉽고 효과적인 방법의 하나입니다.

점진적 근육 이완법

신체적 긴장을 완화시켜 불안을 줄이는 데 효과적입니다. 미국의 생리학자이자 의사인 에드문트 제이콥슨(Edmund Jacobson)이 개발한 '점진적 근육 이완법'은 들숨에 의도적으로 몸의 근육을 긴장시킨 후 긴 날숨으로 이완시키는 방법입니다. 각각의 근육에 긴장과 이완을 반복하다 보면 불안이 완화되고 심신의 안정이 증진됩니다.

벤슨 이완법

하버드 의대 허버트 벤슨(Herbert Benson) 박사에 의해 개발된 '벤슨 이완법'은 자신에게 필요한 단어나 좋아하는 문장을 선택한 후 눈을 감고 호흡에 집중하며 해당 문구를 반복해서 읊조리는 것으로서 몇 차례 시도만으로도 불안의 정도를 낮출 수 있습니다.

마음챙김 명상

미국 메사추세츠 의대의 존 카밧진(Jon Kabat-Zinn) 박사가 개발한 '마음챙김 명상'은 스트레스 감소와 각종 질병치료에 효과적입니다. 마음챙김 명상은 불안한 감정을 알아차리고 이를 수용하는 방법을 통해 마음의 안정을 돕습니다. 감정을 억제하지 않고 흘려보내며 마음의 동요를 진정시킬 수 있습니다. 매일 10분씩 꾸준히 연습하면 일상의 자기조절 능력과 삶의 질이 향상됩니다.

'나'에게 보내는
'나'의 격려

불안한 마음은 언제든 우리를 찾아올 수 있습니다. 하지만 이를 부정적인 감정으로 여겨 억압하거나 피하려고 하면 오히려 고통에 대한 감내 능력이 낮아지고, 견딜 수 있는 수준에서도 크게 불안을 느낄 수 있습니다. 불안은 우리를 무력하게 만드는 끔찍한 감정이 아닙니다. 오히려 손님처럼 자주 찾아오는 감정이기 때문에 피하거나 빠져나오려고 하기보다는 능동적으로 맞이하는 것이 좋습니다. 이때 자기격려의 문구를 활용해보세요. 각 상황마다 도움이 되는 문장을 만들어 수시로 읊조리며 자신을 격려해보는 것입니다.

"이 상황이 영원히 지속되지는 않아."

"난 여러 고통스러운 경험을 해봤고, 그 고통을 극복했어."

"이 또한 지나갈 거야."

"이 감정이 나를 불편하게 하지만, 난 수용할 수 있어."

"불안하지만, 난 여전히 이 상황을 해결할 수 있어."

"난 이 일을 해결할 수 있을 만큼 충분히 강해."

"이건 내가 두려움을 극복하는 방법을 배울 기회야."

"난 불안이 나에게 영향을 미치지 않게 할 수 있어."

"나는 이 감정을 기꺼이 받아들이겠어."

"때때로 불안, 두려움, 긴장을 느껴도 괜찮아."

"나의 감정은 내 삶을 통제하지 못해."

"내가 원한다면 얼마든지 다른 감정을 느낄 수 있어."

"지금 내 상황은 위험한 게 아니야."

"그래서 뭐 어쩌라고?"

"이 상황은 정말 별로야. 하지만 이건 일시적일 뿐이야."

"자신을 돕는 하루의 문장으로 불안을 다스리며 자기 친절의 시간을 늘려보세요.
매일 아침, 스스로에게 따뜻한 인사를 건네며 하루를 시작해볼까요!"

**매일 아침, 5분
마음챙김 연습**

눈을 감고
편안하게 호흡하며
지금의 순간을 느껴보세요.

가만히 호흡하며
숨결의 느낌을 느껴보세요.

있는 그대로 존재하는
나를 느껴보세요.

내 몸의 느낌
공간의 소리
빛이나 향기
피부에 닿는 공기

그리고
지금
여기의
모든 것을 알아차려 보세요.

하루에 단 몇 분이라도
현재의 순간을 느껴보세요.

우리는 행복을 찾기 위해 늘 노력해요. 과연 행복은 어디에 있는 것일까요? 행복은 내가 발견해내야 해요. 아무리 좋은 여행지에 가도, 근사한 옷을 입고 있어도, 멋진 집에 살아도 내 마음에 걱정이나 근심이 가득하면 아무런 소용이 없어요. 지금 창밖을 봐요. 햇살, 구름, 바람 모두 다 나의 것이에요.

내일 걱정은 내일 하려고

두려움에서 벗어나
활력과 의욕을 찾는 법

인생을 살다 보면 문득 마주하게 되는 질문들이 있습니다.

"지금 이 일이 잘 해결될까?"
"어떻게 살아야 제대로 사는 걸까?"
"나의 미래는 과연 괜찮을까?"

마음을 헤집는 이러한 생각에 머물게 되면 두려움이란 감정 속에 빠지게 됩니다. 두려움이 커지면 괴로움이 지속됩니다. 이때는 가까운 주변 사람의 격려나 지지, 응원의 말을 통해 힘을 얻기도 합니다. 그러나 때로는 사소한 한마디에 서운해지고 상처를 받습니다. 시간이 지난 후에 돌아보면 그리 크게 여길 일이 아님에도 불구하고 마음이 불편할 때는 건강한 경계를 세우는 일이 쉽지 않습니다.

우리의 마음속에는 끊임없이 요동치는 미래에 관한 고민이 있습니다. 이는 누구라도 마찬가지입니다. 미래는 알 수 없기 때문에 당연히 불안해질 수 있고 두려움이 생길 수 있습니다. 그러나 어떤 일이 잘못되지 않을지, 중요한 부분을 놓치지 않을지 과도하게 걱정하면 오히려 사소한 문제에도 스스로를 탓하며 괴로워질 수 있습니다.

어떤 일에 대한 두려움을 떨치기 위해 미리 생각하고 위험한 상황에 대비하는 것은 필요하지만, 무엇이든 지나치면 문제가 생깁니다. 간혹 두려움에 대한 방어로 미리 최악의 경우를 상상하며 마음의 준비를 해두는 경우가 있습니다. 있을 수 있는 예외상황을 고려해 대안과 대처 방법을 생각해두는 것은 도움이 되지만, 덜 상처받기 위해 최악의 경우를 생각해두는 습관을 유지한다면 늘 커다란 두려움 속에 지내게 됩니다. 이때는 지금까지 잘 대처해왔던 상황이나 염려했던 일이 실제로 일어나지 않았던 경험들을 떠올리며 강한 두려움 속에서 벗어나도록 합니다.

두려움이 커지면 마음이 어수선해져서 무언가에 집중하기 어려워지고, 일을 효율적으로 처리하기 힘들어집니다. 그러다 보면 내가 내린 결정에 자신이 없어지거나, 제 역할을 잘 해내지 못하는 것 같아 의기소침해지기 쉽습니다. 이럴 때일수록 현재에 집중하며 오늘 하루의 일에 전념합니다.

저명한 자기계발 전문가이자 작가인 데일 카네기(Dale Carnegie)는 《자기관리론》에서 걱정이 커질수록 날마다 건설적인 생각을 하며 즐거움을 창조할 것을 강조합니다. 특히 스트레스 상황에서는 평소보다 걱정이 더 많아지고 할 일에 대한 엄두가 나지 않아 위축될 수 있습니다. 이럴 때는 몸과 마음이 어떤 일을 더 크게 느끼고 두려워하는지 생각해봅니다. 그리고 복잡한 생각에서 벗어나 지금, 여기의 순간을 느끼고 경험하며 현재를 의미 있게 만들어갑니다.

오늘 하루만은

오늘 하루만은, 행복하게 지낼 것이다.
행복은 우리 안에서 나온다. 환경의 문제가 아니다.

오늘 하루만은, 주어진 상황에 적응하겠다.
내가 바라는 것에 나를 맞추려 들지 않겠다.

오늘 하루만은, 몸을 잘 돌보겠다.
운동을 하고, 정성껏 돌보고, 영양을 충분히 공급하고, 학대하거나 무시하지도 않겠다.

오늘 하루만은, 정신을 단련하겠다.
유용한 것을 배우며, 정신적으로 나태해지지 않겠다.

오늘 하루만은, 세 가지를 하면서 영혼을 단련하겠다.
다른 사람에게 몰래 친절을 베풀 것이다. 또한 원치 않는 일을 두 가지는 할 것이다.

오늘 하루만은, 유쾌한 사람이 되겠다.
최대한 밝은 표정을 짓고, 가능한 한 어울리는 옷을 입고, 부드럽게 말하고, 예의 바르게 행동하고, 칭찬을 아끼지 않고, 비판은 하지 않고, 어떤 일에도 흠을 잡지 않으며, 어떤 사람도 통제하거나 충고하려 들지 않겠다.

오늘 하루만은, 모든 문제를 당장 해결하려 들지 않겠다.
내게 주어진 하루를 열심히 살아가는 데만 집중하겠다.

오늘 하루만은, 프로그램대로 살겠다.
매시간 해야 할 일을 미리 적어두겠다. 철저하게 따르지는 못 할지라도 계획은 세우겠다.

오늘 하루만은, 30분이라도 혼자 조용히 쉬겠다.
그 시간 동안 삶에 대해 균형 잡힌 시각을 갖도록 자신에 대한 생각도 해보겠다.

오늘 하루만은, 두려워하지 않겠다.
행복하지 않을까 봐, 아름다움을 누리시 못할까 봐, 사랑하지 못할까 봐, 내가 사랑하는 사람이 나를 사랑하지 않을까 봐 두려워하지 않겠다.

― 데일 카네기의 《자기관리론》 중에서

두려움이란 감정이 항상 내 삶의 장애물이 되는 것은 아닙니다. 우리는 두려움을 느끼기 때문에 새로운 일을 시작하기 전에 신중하게 고민하고, 부족한 점을 보완하며 자신을 성장시킵니다. 인생을 살아가면서 여러 번 두려움이란 감정을 마주하게 될 것입니다. 그럴 때마다 매번 억누르거나 피하거나, 두려움 때문에 또다시 우울해지거나 하는 일에서 벗어나 조금 더 유연해질 필요가 있습니다. 이제는 능동적으로 두려움을 맞이해봅시다.

두려움이 커질수록 내면을 바라보며 '그래, 지금 내게 두려움이 있어'라고 인정합니다. 손님처럼 자주 찾아올 두려움을 매번 통제하는 데 시간을 빼앗기기보다는 직면하고 수용하며 맞이하도록 합니다. 우리는 두려움이 있어도 의미 있는 일을 할 수 있습니다. 두려움을 안고 어떤 일을 해내겠다는 생각으로 전환해봅니다.

"삶을 의미 있게, 가치 있게 만들어가기 위해서는
불편한 감정과 마주할 수 있어야 합니다.
두려움과 함께 용기를 내보는 한 걸음을 오늘 시작해보세요."

화가 나면 화를 내야지

분노의 두 얼굴
표출형과 억제형

분노는 우리의 삶에서 가장 역동적이고 흥미로운 감정 중 하나입니다. 분노를 불필요한 감정으로 생각할 수도 있지만, 열정과 에너지의 원천이기도 합니다. 급작스러운 외부위협으로부터 자신을 지키고, 불공정에 맞서며, 사회적 약자를 보호하고, 자신의 안전을 유지하는 데 필요한 동력도 분노이기 때문입니다. 분노는 보편적인 감정이지만, 마치 기다리던 모임에서 원치 않는 사람을 만난 것처럼 당혹스러운 것도 사실입니다. 이는 분노 자체가 지닌 강렬함 때문입니다.

**당장은 억제를 하더라도
언제가는 터지게 됩니다.**

분노는 표현방식에 따라 '분노 억제형'과 '분노 표출형'으로 구분됩니다. '분노 억제형'인 사람은 평소에 감정을 잘 드러내지 않다가 어느 순간 강하게 분노를 표출하는 경향이 있습니다. 주변에서 "평소엔 감정을 잘 표현하지 않지만, 한번 화가 나면 무섭다"는 사람이 그런 사람입니다.

이런 사람은 억눌렸던 감정을 한꺼번에 터뜨리기 때문에 상대방은 당혹스럽고 불쾌해하며 방어적인 태도를 보이기 쉽습니다. 스스로는 감정을 참아왔다고 생각해 정당하다고 여기지만, 상대 입장에서는 "차라리 그때마다 표현했으면 더 좋았을 텐데"라고 생각하게 됩니다.

분노 억제형인 사람은 오랜 시간 상황을 참아왔다는 생각에 스스로를 '희생자'로 여기기도 합니다. 반면 상대방은 상황에 비해 과한 감정으로 받아들일 수 있습니다. 화를 내는 사람은 그동안 참고 견뎠다는 생각에 감정의 수위를 조절하지 못하고, 상대방은 이를 감정적 대응으로 여겨 상황을 피하거나 반발하게 되곤 합니다. 이러한 상황이 반복되면 서로 간의 서운함이 커지고, 결국 관계가 소원해질 수 있습니다.

이와는 달리 분노를 즉각적으로 표현하는 '분노 표출형'은 사소한 문제에도 감정적으로 대응하는 특징이 있습니다. 이런 사람은 자율신경계가 짧은 순간 과도하게 항진되어 진정되기까지 시간이 걸리며, 이후에도 작은 일에 강한 감정을 드러내는 등 감정조절을 잘하지 못하는 경우가 빈번합니다.

문제는 분노를 행동으로 표출하는 과정에서 공격적인 태도를 보인다는 점입니다. 언어폭력으로 상대에게 상처를 입히거나 긴장과 불안을 야기하는 위협적인 행동을 할 수 있는데, 때문에 적극적인 자기통제 연습이 필요합니다.

더러는 "나는 화를 잘 참지 못한다"거나 "내가 자주 화를 내는 건 상대방이 화나게 했기 때문이다"라며 자신의 습관성 분노를 정당화하거나 남 탓을 하는 경우도 있습니다. 나아가 "화를 잘 내긴 하지만 뒤끝은 없다"라고 말하며 자신의 행동을 심각하게 여기지 않기도 합니다. 이 모두 자기 중심적인 태도로 볼 수 있습니다.

중요한 점은 스트레스 상황에서 누구나 다 분노를 극적으로 표출하는 것은 아니라는 점입니다. 따라서 분노를 크게 느끼거나 표출하게 되는 상황을 잘 살펴보고, 부드럽게 자신의 입장과 생각을 표현하는 연습이 필요합니다.

분노 촉발상황을 객관화하세요.

분노는 마치 움직이는 커다란 에어볼과 같습니다. 적절히 다스리지 못하면 공격적이고 충동적인 행동은 더욱 잦아지고, 결국 상대방에게 돌이킬 수 없는 상처를 주게 됩니다. 분노를 다스려야만 하는 이유입니다.

먼저 분노를 잘 조절하기 위해서는 감정조절에 실패하는 상황을 세세하게 분석해야 합니다. 감정이 촉발되는 상황을 명확히 파악하면 항상 화난 사람으로 살지 않을 수 있습니다. 계속해서 화를 표출하기만 하면 통제불능 상태, 즉 감정의 포로가 될 수 있습니다. 따라서 분노가 유발되는 상황과 그 상황에서 화를 표출하는 방식, 그리고 그 행동의 결과를 면밀히 살펴보는 것이 중요합니다. 이를 객관적으로 파악하기 위해 '자기관찰일기'를 작성해보는 것이 좋습니다. 자기 모니터링을 통해 분노의 과정을 전체적으로 이해하고, 각 상황에 맞는 새로운 대처방법을 시도해보세요.

분노감정의 자기점검

1단계
분노가 촉발되었던 상황을 살펴봅니다. 이때의 생각, 감정, 신체감각의 변화를 확인하고 각각을 기록합니다.

2단계
분노가 일어나기 전의 상황으로 돌아가서 전반적인 감정상태, 식사나 수면의 양과 질, 다른 스트레스 요인을 검토합니다.

3단계
분노행동에 대해 구체적으로 기술합니다. 자신이 한 말과 행동을 모두 찾아보도록 합니다.

4단계
분노행동의 결과를 확인합니다. 자신이나 타인에게 어떤 영향을 주었는지 검토합니다.

5단계
1~3단계에서 대처할 수 있는 대안적 방법을 마련합니다. 특히 1단계에서는 생각, 감정, 신체감각을 어떻게 다룰 것인지 찾습니다.

> **6단계**
> 4단계에서 일어난 분노행동의 결과를 어떻게 회복시킬지 방안을 찾아봅니다. 구체적인 방법으로 접근하고, 자신이나 타인에게 실제로 도움이 되는 방법을 마련합니다.

분노라는 감정은 강렬하며 오래 지속되는 경향이 있습니다. 평소 이에 대처할 방법을 마련하지 않으면 감정에 휩쓸려 원하지 않는 결과를 초래할 수 있습니다. 누구나 분노를 느낄 수 있지만, 모두가 공격적으로 반응하지는 않습니다. 분노를 그대로 표출하면 '정서적 융합(Emotional Fusion)' 상태에 빠질 수 있습니다. 이는 자신의 감정이 자신을 통제하게 되는 상황을 의미합니다.

분노는 내면의 다른 감정을 가리는 수단이 될 수 있습니다. 상처받았다고 인정하기보다 화를 내는 것이 더 쉽기 때문입니다. 하지만 숨겨진 감정을 받아들이지 않으면 분노는 계속 자라납니다. 진짜 감정을 표현하면 오해나 갈등을 줄일 수 있고, 자신의 숨은 감정을 솔직하게 드러내지 않으면 누구도 내 마음을 제대로 이해할 수 없습니다. 우리는 상대방이 자신의 마음을 알 것이라고 생각합니다. 하지만 내 마음을 먼저 살피지 못한 채 다른 사람이 내 마음을 이해해줄 것이라고 기대하면 오해나 갈등만 생깁니다.

**왜 분노했는지
차분하게 표현해야 합니다.**

자신의 욕구를 잘 표현하기 위해서는 몇 가지 단계를 따라야 합니다. 이는 효과적인 상호작용을 위해 유념해야 할 지침이기도 합니다.

첫 번째 단계는, '사실만을 말하기'입니다. 자신의 감정을 있는 그대로 전달하고, 과장하거나 축소하지 않는 것이 중요합니다. 특히 지나친 표현이나 위협적인 표현을 피해야 합니다. 사실에 기반한 소통은 주관적인 판단이나 평가를 배제하고, 상황을 명확하게 설명할 수 있어 효율적인 의사소통을 도와줍니다.

두 번째 단계는, '감정을 표현하기'입니다. 상대방에게 '나 메시지(I-Message)'로 감정을 전달하면서 자신의 욕구를 분명히 합니다. 예를 들어, "나는 며칠간 서로 말을 안 하면 마음이 초조하고 불안해"라는 식으로 자신의 감정을 '나는 ~ 하다(I feel ~)'의 형식으로 전달합니다. 반면 상대에게 원인을 돌리거나 강하게 주장하는 방식으로 말하면 상대가 방어적인 태도를 취하거나 거부적인 반응을 보일 수 있다는 점을 유념해야 합니다.

세 번째 단계는, '필요한 바 요청하기'입니다. 이 단계에서는 자신이 바라는 바를 상대방에게 명확히 이야기합니다. 여러 가지 요구는 피하고,

요구사항은 알기 쉽게 전달합니다. 그런 후에 "내 이야기를 듣고 난 후에는 느낌이나 의견을 말해줄 수 있을까요?"라고 피드백을 요청하고, "당신의 피드백을 듣게 되면 기분이 참 좋을 것 같아요"라고 심리적 보상을 시도합니다.

마지막으로 상대방의 입장이나 감정을 생각해보는 시간을 가져보세요. 상대의 관점에서 자신이 보인 행동이 어떻게 보였을지 생각해봅니다. 이는 상대방과의 소통을 원활하게 하고 관계를 개선하기 위해 필요합니다. 상대의 감정에 대한 이해나 공감이 부족하다면 궁극적인 개선이 어려울 수 있기 때문입니다.

분노를 진정시키는 방법

1. 의도적으로 천천히 말해요
분노를 조절하기 위해 화가 난 상황에서는 의도적으로 천천히 말하는 연습을 해보세요. 빠르게 말하면 감정이 더 커질 수 있습니다. 차분하게 말하는 동안 감정이 조금씩 누그러질 것입니다.

2. 호흡이완으로 진정해요
강렬한 감정을 다스리기 위해 5분간 호흡하며 이완을 유도합니다. 들숨을 쉬고 잠시 멈춘 후 길게 날숨을 내쉬는 것을 반복해서 자기진정을 돕습니다. 숨의 길이는 개인의 호흡에 맞게 조절하세요. 이때 날숨을 길게 내쉬면서 '이완', '평화', '진정'과 같은 단어를 읊조리면 더 큰 효과를 볼 수 있습니다.

3. 주의를 환기해요

화가 났다면 바로 행동하지 말고, 조용한 장소로 이동하거나 산책을 하며 감정을 가라앉히세요. 또한 화가 날 때마다 "나는 이 상황을 잘 다룰 수 있어", "차분하게 이야기해보자", "진정해"처럼 자신을 조력하는 문장을 사용해보세요.

우리에게는 자기의지로 얼마든지 반응을 선택할 능력이 내재되어 있습니다. 순간 분노를 느끼더라도 그 분노를 어떻게 표현할지는 우리의 선택에 달려 있습니다. 그러니 내 안의 분노를 잘 살펴보고, 새로운 대처 방법으로 지혜롭게 상황을 맞이해봅시다.

> "분노는 누구나 느끼는 보편적인 감정입니다.
> 그러나 이 감정을 대하는 태도는 스스로가 선택할 수 있습니다. 분노를 지혜롭게
> 다스리고, 그 속에서 자신의 내면을 성장시키는 기회를 찾아보세요.
> 그 순간 당신은 더욱 성숙해질 것입니다."

마음챙김

행복하게 먹고
오감으로 즐기고

건포도 한 알을
손바닥 위에 올려놓습니다.
손으로 만져보면서
그 느낌을 알아차려 봅니다.
불빛이나
햇살에도 비춰봅니다.
다시
손바닥 위에 올려놓고
가만히 바라봅니다.

지금 손 위에
놓이기까지 지나온
건포도의 여정을 떠올려 봅니다.
많은 사람의 노력과 사랑,

햇살과 대지, 자연을 품은
단 하나의 건포도가
지금 당신과 함께 있습니다.

이제
코로 가져가 향기를 느껴봅니다.
입가 가까이 가져다 놓아봅니다.
입에 넣고 천천히 음미하며 맛을 느껴봅니다.
입 안에서 느껴지는
모든 경험을 알아차려 봅니다.

'마음챙김'에는 먹는 것(Eating)과 관련된 명상도 있어요. 처음 시작할 때는 오감을 모두 느껴볼 수 있도록 '건포도'를 준비해주세요. 이 연습은 대개 '마음챙김 명상' 첫날에 시작해요. 마음챙김이 무엇인지 느끼게 해주거든요. 잠깐 마음챙김을 간단히 소개하자면 '의도적으로 현재의 순간에 비판단적인 주의를 기울이는 것'을 뜻해요. 여기서 비판단적이란 말은 자신의 경험을 있는 그대로 받아들이는 마음가짐이에요. 마음챙김은 실제로 해보면 알 수 있어요. 오늘 연습을 해본 후 간단히 차를 마실 때도 해봐요. 건포도가 아니라 어떤 음식이든 다 괜찮아요. 마음으로 함께 머물면 되니까요.

생각은 진실이 아냐

감정을 다스리는
알아차림 기술 배우기

우리에겐 저마다 자주 느끼는 대표감정이 있습니다. 누군가는 불안을 자주 느끼고, 다른 누군가는 외로움을 자주 느낍니다. 감정은 다양해서 상황마다 여러 가지 감정을 느끼게 됩니다. 그런데 다른 어떤 것보다도 특정한 감정에 자주 휩싸인다면 이 감정이 어떤 상황에서 자주 일어나는지 살펴봅니다. 다른 일에는 감정적이지 않은데 유독 마음이 크게 동요되는 상황이 무엇인지, 어떤 생각이 그 순간 일어나는지 잘 볼 수 있어야 감정적인 사람이 되지 않습니다. 강한 감정상태를 자주 겪다 보면 스스로도 견디기 어려워지고, 주변 사람들에게까지 영향을 미쳐 관계 갈등이 반복됩니다. 이런 사람들은 대부분 이렇게 말합니다.

"치밀어 오르는 감정을 조절하기 힘들어."

습관적으로 표출되는 특정 감정을 조절하고 관리하려면 원인을 잘 파악하고 대책을 구체적으로 마련하여 대응할 필요가 있습니다. 그래야 감정에 따라 행동하지 않게 되고, 자신이 원하는 모습으로 삶을 살아갈 수 있습니다.

감정조절을 잘 하기 위해서는 먼저 어떤 상황에서 감정에 휩쓸리는지 파악하는 것이 중요합니다. 특히 감정이 제어 안 되는 특정 상황들이 있을 것입니다. 자신이 일순간 '반응자'가 되어버리는 촉발자극이 무엇인지 확인한 후에는 그동안 어떻게 대응해왔는지 살펴보는 것이 필요합니다. 보통 습관적인 대처방법이 오히려 상황을 더 악화시키거나 감정을 더 키우는 경우가 많습니다. 그런 다음에는 상황마다 어떤 생각들을 했는지 면밀히 검토해봅니다.

- 감정이 촉발되는 상황을 구체적으로 확인한다.
- 자신의 대처방법과 결과의 효율성을 검토한다.
- 그 상황에서 발생한 '나의 생각'을 분석한다.
- 부정적인 내용을 합리적인 내용으로 수정한다.

'나의 생각'을 확인하고, 객관적으로 수정하세요.

감정조절의 실패는 대개 상황에 대한 '부정적인 해석'이 원인이 되곤 합니다. 물론 상황에서 오는 스트레스도 있지만, 자주 감정조절에 어려움을 느낀다면 그때 자신이 무슨 생각을 했는지를 확인하고 수정해보는 게 좋습니다. 이는 감정을 다루는 데 효과적인 것으로 알려진 '인지치료(Cognitive Therapy)'의 한 방법입니다.

생각의 내용이 부정적일수록 감정의 강도도 커지고 오래 지속됩니다. 강한 감정과 연결된 부정적인 생각이 습관이 되면 특정 상황에서 자동적으로 폭발하기 때문에 생각의 내용이 무엇인지를 잘 보아야 합니다.

자신의 생각을 잘 살펴본다는 것은 강한 감정이 유발되는 상황을 찾는 것이며, 어떤 생각의 내용이 특정한 감정을 키우는지 확인하는 것입니다. 알아야 감정적인 대응을 하지 않게 되고, 감정적인 사람으로 살지 않게 됩니다. 특정 상황에서 반응하는 사람으로 산다면 반응 민감성으로 인해 점차 통제력을 잃게 됩니다.

생각은 사실이 아니에요.
내 생각을 알아차리세요.

습관적인 감정을 내버려두면 조절능력이 약해집니다. 그래서 감정에 이끌려 행동하는 일이 자주 발생합니다. 따라서 강한 감정에 연료가 되는 부정적인 생각을 다루기 위해서는 '의도된 관찰'이 필요합니다. 자신의 생각을 관찰하는 방법을 알면 극단적이거나 치우친 부정적 생각에 사로잡히지 않게 됩니다. 그렇게 해야 생각이 이끄는 대로 행동하는 습관적인 반응이 줄어듭니다.

강한 감정의 원인에는 비판적으로 평가하는 마음이 작용합니다. 불필요한 감정을 유발하는 생각을 내버려둔다면 자동적으로 일어나는 생각의 내용이 일과 관계에 큰 영향을 미칠 수 있습니다. 따라서 습관화된 부정적 생각을 의도적으로 알아차려서 그 생각으로부터 벗어나도록 합니다.

생각을 알아차리는 데에는
시간도, 관찰도, 선택도 필요합니다.

생각을 알아차리는 연습은 오랜 시간이 걸리진 않지만, 어느 정도 꾸준한 노력이 필요합니다. 보통 4주에서 6주 정도면 알아차리는 순간이 빨라지고 명료해집니다. 이때부터는 부정적인 생각도 잘 자각되고, 감정이 커지는 것도 쉽게 인식되어 보다 효율적으로 대처할 수 있습니다.

생각을 알아차리기 위해서도 의도적인 관찰은 필요합니다. 수시로 자신의 생각을 떼어놓고 보는 연습을 합니다. 특히 감정적으로 동요된 후에는 잠시 시간을 갖고 가만히 자신의 생각을 관찰합니다. 나와 생각을 분리시켜 보는 연습을 하다 보면 자신을 괴롭히는 생각을 명확하게 인식할 수 있게 되고, 도움이 되는 반응을 선택할 수 있는 '반응선택 능력'도 향상됩니다.

생각 알아차림 연습

- 충분히 이완된 상태에서 몇 차례 호흡하며 마음을 차분히 해요.
- 강한 감정이 유발된 상황을 떠올리며 어떤 생각들이 지나가는지 관찰해요. 평소에도 수시로 의도적으로 생각을 관찰하는 연습을 자주 해요.
- 마음속에 일어나는 생각을 알아차려 봐요. 생각과 함께 일어나는 감정이나 몸의 감각도 알아차려 봐요.

감정을 키우는 부정적인 생각에 따르거나 그 생각을 모두 사실로 믿어버리면 삶은 괴로워지고 자기조절 능력은 낮아집니다. 자신에게 도움이 되지 않는 생각들에서 벗어나 평소 내가 원하는 방향대로 선택하고 행동할 수 있도록 노력해야 합니다. 과연 나의 생각 중 어떤 것을 선택해야 할까요?

"나는 내 감정보다 더 큰 존재입니다. 내 감정을 인식하고, 나 자신을 이해하며, 이를 통해 삶을 더욱 성장시키는 기회로 삼아보세요."

거울아, 세상에서 내가 제일 멋지지?

열등감에서 빠져나와
내 안의 '강점'을 찾자

"난 ~ 한 사람"이라고 해야 할 때 가장 먼저 떠오르는 게 무엇인가요? 누군가는 '성실한', '노력하는', '착한'과 같은 성격적 특성을 떠올리기도 하고, 다른 누군가는 '건강한'처럼 외모나 신체적 특징을 떠올리기도 합니다. 이렇듯 자신에 대한 주관적인 인식을 자기개념이라고 합니다.

자기개념은 스스로 만들어가기도 하지만 타인의 영향을 받기도 합니다. 삶을 살아가면서 새로이 생겨나기도 하고, 기존의 자기개념이 더욱 강화되기도 합니다. 자신에 대한 관심과 경험에 대한 개방성에 따라 자기개념의 다양성은 개인마다 다르게 나타납니다.

자기개념은 자신에 대한 평가에서 비롯됩니다. 그런데 평가하는 과정에는 판단이 따르기 때문에 균형 잡힌 자기인식을 유지하기보다는 부정적인 자기개념이 더 강하게 자리 잡을 수 있습니다. 이런 경우 자신에 대한 진술이 냉소적이거나 가혹해져 자기비난으로 이어지기 쉽습니다.

부정적인 자기인식은 자신의 약점에만 집중하고 타인과 자신을 비교할 때 나타납니다. 강점이나 좋은 면을 발견하려는 노력이 부족하거나, 타인의 긍정적인 피드백을 무시하고 부정적인 말에만 집착할 때도 이러한 인식이 형성됩니다.

부정적인 자기개념에 집착하여 자신이 붙인 꼬리표와 지어낸 이야기나 만들어낸 여러 이유에 동일시되면 타인의 사소한 말도 쉽게 무시하지 못하게 됩니다. 이런 상태에서는 노력이나 과정보다는 결과 중심으로 자신을 판단하게 되는 '인지적 편향'이 나타날 수 있습니다. 이는 부정적인 자기개념을 지속하게 만드는 덫이 되어 악순환을 초래합니다.

심리적 열등감은 혼자서는 벗어날 수 없어요.

부정적인 자기개념은 '심리적 열등감'에 중요한 영향을 미칩니다. 문제는 자신의 특정한 측면에 집착하여 일단 부정적인 자기개념에 빠지게 되면 혼자서는 벗어나기가 어렵다는 것입니다. 그래서 개인심리학의 창시자인 알프레드 아들러(Alfred Adler)는 개인의 삶에서 '열등감을 극복하고 사회적 관심을 가지는 것'이 중요하다고 강조합니다. 여기에서 사회적 관심이란 타인과의 관계에서 공감과 협력을 통해 함께 성장하고 발전하는 것을 의미합니다. 이는 자신을 더 긍정적으로 바라보게 하고, 타인과의 유대감을 통해 자신감을 회복하는 데 도움이 됩니다.

**열등감은
누구에게나 있는 보편적인 감정입니다.**

우리는 모두 내면에 약한 면을 가지고 있습니다. 그리고 약점을 극복하고 보상하려는 노력은 바로 성장과 발전의 원동력이 됩니다. 그런데 '약점'만으로만 자신을 평가하거나 다른 사람에게 인식되지 않도록 숨기며 도전을 회피는 사람이 있습니다. 아들러는 이런 경우를 '열등 콤플렉스(Inferiority Complex)' 상태로 보고, 열등 콤플렉스가 적응하고 성장할 수 있는 능력을 손상시킨다고 보았습니다.

열등 콤플렉스에 빠지면 보상하려는 시도도 심해집니다. 자신이 열등감을 느끼지 않는 것처럼 행동하려는 과장된 시도와 행동이 나타나는 것입니다. 이는 현실적응을 악화시킬 뿐 아니라 필요한 능력을 습득하는 데 부정적인 영향을 미치게 됩니다. 아들러는 이러한 현상을 '우월 콤플렉스(Superiority Complex)'라고 했습니다. 열등 콤플렉스와 우월 콤플렉스는 모두 심리적 건강과 사회적 적응을 방해하는 요인이 됩니다.

**약한 면을 인정하고 받아들일 때
더 나은 선택을 할 수 있습니다.**

약점을 단점으로만 치부하면 스스로를 구속하게 됩니다. 때로는 약한 면을 감추기보다는 드러내고, 부정적인 시각보다는 긍정적인 시각에서

바라보는 것이 좋습니다. 내 안의 약점은 단지 약한 부분일 뿐 결코 단점이 아니기 때문입니다.

심리치료에는 '자기주장 훈련'이라는 방법이 있습니다. 두렵거나 약한 면을 오히려 더욱 표현하고 주변에 알리는 것입니다. 그러면 오히려 자신감도 얻을 수 있으며 그로 인해 새로운 경험도 쌓을 수 있습니다. "난 수줍음이 많아", "난 속도가 느린 편이야", "난 친구를 사귈 때 천천히 시작해"라고 당당하게 말해보는 겁니다.

**숨기기보다는 드러내고
약점보다는 강점을 찾아내고**

누구에게나 강점과 약점이 있습니다. 강점을 소홀히 하고 약점에만 신경을 쓰다 보면 강점을 충분히 발휘하기 어렵습니다. 비록 성격적으로 약점이라 여겨지더라도 모든 면에서 약점인 것은 아닙니다. 예를 들어, 소극적인 경향이 있다면 발표나 토론에서는 단점이 되겠지만, 일상에서는 조심스럽고 사려 깊은 태도로 나타날 수 있습니다.

성격마다 고유한 강점이 있으며, 이를 잘 발달시키면 자기완성에 한 걸음 더 다가갑니다. 긍정심리학자 마틴 셀리그먼(Martin Seligman)은 개인마다 성격에서 고유한 강점이 있으며, 이를 잘 발달시키며 살아간다면 삶의 충만함을 느끼고 자기완성에 한 걸음 더 다가갈 수 있다고 말했습니다.

셀리그먼은 강점을 활용하는 것이 단순한 자기계발을 넘어서 행복과 만족감을 높이는 중요한 요소라고 강조합니다. 따라서 자신의 강점을 발견하고 이를 키워나가는 과정은 삶의 질을 높이고, 더 나은 미래를 만들어가는 중요한 여정이 됩니다.

**집중해야 하는 건
약점이 아니라 강점입니다.**

우리가 정작 신경을 써야 할 부분은 성격의 약점이 아니라 강점에 있습니다. 약점은 온화하게 수용하고, 강점은 삶을 이롭게 하는 데 잘 쓰이도록 건강하게 키워나간다면 우리가 할 수 있는 것보다 더 많은 기회와 변화를 얻게 될 것입니다. 하지만 자신의 강점임에도 불구하고 스스로 과소평가하여 '이런 면은 누구에게나 있지' 하며 대단치 않게 생각하거나 '강점이라고 하기는 좀 그렇지'라고 무시하면 그것은 강점으로 발현되기 어렵습니다.

나의 강점을 발견하기 위해서는 기억에 남아 있는 좋은 경험을 기록으로 정리해보는 것이 좋습니다. 이렇게 기록된 내용을 통해 자신이 어떤 순간에 좋은 감정을 느끼고, 무엇을 통해 보람이나 의미를 얻는지 차분하게 살펴볼 수 있습니다. 또 평소 가까운 사람들에게 자주 듣는 성격과 관련된 긍정적인 피드백을 떠올려 봅니다. 주변 사람들에게 자신의 성격 강점을 직접적으로 물어보는 것도 좋은 방법입니다. 다만 성격 강점을 자신이나 주변을 통해 발견하더라도 스스로 이를 인정해야만 진정 내 것이 되고 발전할 수 있습니다.

"자신의 강점을 찾아 매일 조금씩 실천하다 보면 어느 순간 자신만의 대표강점이 되어 있을 거예요. 지금 바로 내 안의 강점을 찾는 여정을 시작해보세요."

마음이 아프면 몸도 아파

감정을 억압할 때 나타나는
신체증상 다루기

스트레스 상황에 자주 놓이면 정서적으로 소진되고 무기력해집니다. 이런 상황이 반복될수록 감정을 억제하고 참는 경우가 많습니다. 이유는 간단합니다. 그렇게 해야 견딜 수 있기 때문입니다. 그런데 감정을 오랫동안 억누르다 보면 누적된 스트레스가 몸에 영향을 줍니다. 오랜 시간 동안 무언가를 참고 견디다 보면 두통이 생기거나 소화기능이 약해지는 등 여러 가지 신체증상이 나타날 수 있습니다.

**참는 게
정답은 아닙니다.**

스트레스를 받을 때마다 감정적으로 대응하는 것도 비효율적이지만, 감정을 억누르며 참는 것도 마찬가지로 좋지 않습니다. 감정억압이 빈번해지면 미해결된 감정이 신체를 통해 나타나는 심인성(Psychogenesis) 증상을 겪을 수 있습니다. 심인성이란 신체증상의 원인이 심리적 문제에 있다는 의미입니다.

우리 신체는 감정의 통로와 같습니다. 우리의 신체는 마음을 반영하는 거울입니다. 신체와 감정은 서로 반응하며 끊임없이 영향을 줍니다. 몸에서 느껴지는 긴장이나 통증, 그 밖의 여러 감각은 단순한 생물학적 반응 이상의 의미를 가집니다. 이는 강한 감정이 존재한다는 신호일 수 있습니다.

우리의 감정은 오랫동안 돌보지 않으면 신체를 통해 나타납니다. 따라서 신체감각이나 반응을 주의 깊게 살펴보면 감정을 이해하는 데 큰 도움이 됩니다. 다만 몸에 깃든 억압된 감정은 쉽게 인식되지 않을 수 있습니다. 평소 감정을 표현하지 않고 참고 견디며 지냈다면, 특히 성격상 다른 사람에게 자신의 힘든 모습을 보이기 싫어했다면 더욱 자각하기 어려울 수 있습니다.

감정을 억누르고 외면하고 회피하는 데 익숙해지면 원인인 내면의 감정보다 결과인 신체반응에만 신경을 쓰게 됩니다. 마음의 병을 고치기보다는 신체증상만 고치려 하는 것입니다. 무슨 병이 난 건 아닌가, 하고 몸에만 신경을 쓰게 되면 숨은 감정을 발견하기는 너 어렵습니다. 따라서 스트레스 상황에서 나타나는 신체반응을 관찰하되, 주로 그때 느끼는 감정을 이해하려고 노력해야 합니다.

**몸의 감각을 일깨워야
내 감정을 오롯이 느낄 수 있습니다.**

몸의 감각을 자각하면 자연스럽게 감정이 드러나고, 더 나아가 직접적으로 감정을 느낄 수 있게 됩니다. 몸을 이해하는 것은 마음을 이해하는 것과 같습니다. 긴장을 완화하는 데뿐 아니라 감정을 포착하는 데도 효과적입니다.

감정적인 순간에는 몸의 어느 부위에서 반응이 느껴지는지 관찰해보세요. 해당 신체부위에 주의를 기울이며 느낌이나 감각을 살펴봅니다. 몸에 대한 알아차림은 시간을 내어 꾸준히, 수시로 하는 것이 좋습니다. 어깨의 긴장, 경직된 자세, 압력, 통증 등을 살펴보세요. 몸의 상태를 지속적으로 모니터링하는 게 습관이 되면 스트레스로 인한 반응을 즉각적으로 다룰 수 있게 되고, 이를 통해 자기조절감을 얻게 될 것입니다.

몸의 감각을 알아차리는 방법에는 '바디스캔(Body Scan)'이 있습니다. 바디스캔은 몸과 마음에 대한 자각을 일깨우는 마음챙김 명상법입니다. 이 훈련은 신체의 각 부분에 주의를 기울이며 몸의 느낌과 감각을 자각하는 것으로 시작합니다. 신체를 자각하게 되면 감정을 더 잘 다룰 수 있습니다. 슬픔, 불안, 두려움, 무기력과 같은 강한 감정은 신체에 영향을 미치기 때문입니다. 몸의 상태를 느끼는 것은 오래된 감정의 습관을 이해하는 데 큰 도움이 됩니다.

바디스캔으로 마음챙김 연습하기

- 바닥에 등을 대고 편안하게 눕거나 자리에 앉아 편안한 자세를 취합니다. 부드럽게 눈을 감고 시작합니다. 잠시 호흡의 움직임과 신체감각을 느껴보는 시간을 가집니다. 준비가 되면 몸에서 느껴지는 감각을 신체부위마다 느껴봅니다.

- 먼저 주의를 오른쪽 발에 두고 발바닥, 발등, 발목의 감각을 알아차립니다. 그런 다음 종아리, 무릎, 허벅지로 차례로 주의를 옮깁니다. 반대편 다리도 같은 방식으로 관찰해봅니다.

- 각각의 신체부위에 주의를 두면서 그 순간 느껴지는 느낌이나 감각을 자연스럽게 알아차립니다. 특정 신체부위에 긴장감이나 압박감을 느낀다면 부드럽게 숨을 들이쉬고 내쉬면서 그 감각들을 내려놓습니다.

- 몸에 대한 호기심으로 주의를 다른 부위에도 옮겨보면서 몸 전체로 확장해 나갑니다. 특정한 감각을 찾으려고 애쓰지 않고 느껴지는 그대로를 알아차립니다. 바디스캔을 하는 동안 일어나는 여러 감정을 관찰해봅니다.

- 몸에 대한 자각을 유지하면서 자비의 문구나 안정을 돕는 긍정의 단어를 읊조려도 좋습니다. 바디스캔을 마친 후에는 얼굴부터 발끝까지 몸 전체를 자각하며 편안히 이완합니다.

"몸에 대한 알아차림은 마음속 감정을 이해하는 데 큰 도움이 됩니다.
몸은 마음과 끊임없이 대화하고 있기 때문이죠.
하루에 한 번, 몸이 보내는 감정의 신호를 주의 깊게 느껴보세요."

몸을 알아차리며
마음을 다스리며

잠시
호흡의 움직임과
신체감각을 느껴보세요.
몸에서
느껴지는 감각을
부위마다 알아차려 보세요.

먼저 주의를
오른쪽 발에 두고
발바닥, 발등, 발목의 감각을 알아차리고,
종아리, 무릎, 허벅지 등으로
차례로
옮겨 보세요.

반대편 다리도 같은 방식으로 관찰해보세요.

각각의 신체부위에 주의를 두면서

그 순간 느껴지는 느낌이나 감각을

자연스럽게 알아차려 보세요.

신체를 자각하게 되면 감정을 잘 다룰 수 있습니다. 슬픔이나 불안, 두려움이나 무기력과 같은 강한 감정은 신체에 영향을 줄 수 있어요. 몸이 어떠한지를 느끼는 것은 오래된 감정의 습관을 이해하는 데 도움이 되는데요, 하루에 한 번 바디스캔을 통해 새로운 관점으로 감정에 다가가보세요. 그런 다음에 어떠한 일이 일어나는지 호기심을 갖고 살펴보세요.

스치듯 머문 작은 미소마저도 고마워

부정적인 감정을
치유하는 '감사회로'의 힘

일상에서 스트레스가 지속되면 기분이 저조해지고, 부정적인 생각이 더 커집니다. 스트레스가 커지면 모든 일에 부정적인 측면에만 집중하게 되어 의욕이 낮아지고, 우울함과 무기력함을 느끼게 됩니다. 그러나 감사의 마음을 자주 느끼는 사람들은 스트레스 수준이 낮고, 행복지수가 높은 것으로 나타났습니다. 감사가 우리의 마음속 '부정성'을 해소하는 강력한 해독제라는 것입니다.

우리 뇌에는 감사회로가 존재하지만, 이 회로는 평소에 거의 운동을 하지 않습니다. 그런데 감사회로를 튼튼하게 만들면 정신건강이 향상되고, 행복이 커지며, 다른 사람과의 연결감을 더 강하게 느낄 수 있습니다. '감사'의 가장 큰 이로움은 기분을 좋아지게 한다는 점입니다. 고마움을 생각하고 더 많이 표현할수록 긍정적인 감정을 더 쉽게 느끼게 된다는 연구결과가 있습니다. 이는 우울증 예방에도 큰 도움이 됩니다. 매일 작더라도 감사의 마음을 느낄 수 있다면 삶의 질에 큰 변화를 이끌어낼 수 있습니다.

혹시 감사편지를 써본 적 있으신가요? 한 연구에 따르면 감사편지를 쓰고 직접 전달하면 행복감이 깊어지고, 그 효과가 두 달 후까지 지속된다고 합니다.

내 마음이야~

아직 제대로 고마움을 표현하지 못한 사람을 떠올려 보세요. 가장 먼저 누가 생각나시나요? 그분이 나에게 어떤 영향을 주었는지 자세한 이야기를 담아 감사의 편지를 써보세요. 그리고 그 편지를 직접 건네보세요.

감사는 우울뿐만 아니라 불안도 줄여주는데요, 불안과 걱정은 무언가 나쁜 일이 생길 수 있다는 가능성에 무게를 둘 때 더욱 깊어집니다. 그런데 좋은 일에 감사하는 마음을 가지면 미래에 대한 부정적인 감정을 밀어내고 감사가 그 자리를 차지하게 되면서 걱정이 줄어들게 됩니다.

특히 매일 감사할 거리를 찾아서 감사하는 마음을 일으킨 사람들에게는 점차 감사할 일들이 많아지게 되었고, 다른 사람들에게 감사를 표현하면서 사회적 지지를 얻고 지지받는다는 느낌도 강화되어서 계속 앞으로 나아가는 적극적인 태도와 행동을 보였습니다.

다른 사람들에게 감사하는 마음을 가지면 뇌의 도파민 회로 활동이 증가합니다. 고마움을 느끼면 사회적 상호작용이 즐거운 일로 느껴집니다. 또한 감사의 가장 강력한 효과는 세로토닌을 증진시키는 데 있습니다. 감사할 것들을 생각해내다 보면 일상의 긍정적인 측면에 초점이 맞춰져 행복 수준이 올라가고 스트레스 수준은 낮아집니다. 그렇다면 이와 같은 긍정적 변화를 만들기 위해서는 어떻게 해야 할까요? 감사의 습관을 들이는 것이 중요합니다.

감사하는 마음을 키우기 위한 방법

1. 매일 감사했던 순간을 떠올리며 감사해보세요

- 오늘 아침 맛있는 커피를 마신 순간
- 친구와 즐겁게 대화한 순간
- 출근길에 맑은 하늘을 본 순간
- 직장에서 칭찬받았던 순간

2. 감사일기를 써보세요(가급적 구체적으로)

- 동료가 나를 도와줘서 프로젝트를 제시간에 끝낼 수 있었다. 그의 도움에 정말 감사하다.
- 오늘 친구가 나에게 따뜻한 말을 해줘서 정말 고마웠다. 그 덕분에 하루종일 기분이 좋았다.

3. 작은 일에도 고마움을 자주 표현해보세요

- 친절하게 대해준 가게 직원에게 감사인사를 전해보세요.
- 집안일을 도와준 가족에게 고마움을 표현해보세요.
- 도움을 준 동료에게 "정말 고마워요"라고 말해보세요.
- 전화로 안부를 물어준 친구에게 고마움을 표현해보세요.

"좋은 습관을 키우는 데는 노력이 필요합니다. 감사일기를 쓰면서 자신에게 일어나는 변화를 호기심을 가지고 관심을 기울이며 관찰해보세요."

내 속의 가시는 나만 힘들게 해

예민한 사람들을 위한
7가지 감정코칭

정서적인 예민함은 누구에게나 있습니다. 상황과 사람에 따라 정도가 다를 뿐입니다. 우리는 흔히 '예민한 사람'을 까다로운 사람, 날카로운 사람, 감정적인 사람 등 부정적으로 평가하는 경향이 있습니다. 그러나 예민하다는 것은 반드시 문제는 아닙니다. 예민함에는 좋은 면도 있고 약한 면도 있습니다.

예민한 사람들은 사소한 일에도 쉽게 감동받고, 작은 배려나 따뜻한 말 한마디에도 뭉클해합니다. 자연이나 동물과의 교감이나 정서적인 공명도 잘합니다. 그러다 보니 타인의 감정에 민감합니다. 다른 사람의 감정을 잘 읽는다는 것입니다. 이는 공감 어린 말이나 배려심을 발휘하는 데 유용한 측면이 있습니다.

그러나 신경 쓰지 않아도 되는 타인의 말이나 행동에 연연하며 의미를 확대해 해석하거나, 자신을 어떻게 보는지 걱정하며 시간을 허비할 수 있습니다. 때문에 평소 '신경끄기' 연습이 필요합니다.

외부의 사건이나 타인의 행동을 매사 자신과 연결 짓거나 자신에게 잘못이 있을 것 같다는 태도로 접근하면 삶에 불필요한 고통이 늘어납니다. 이러한 패턴을 바꾸기 위해서는 타인의 말과 행동에 뭔가 숨겨진 의미가 있을 것이라는 생각을 멈춰야 합니다. 있는 그대로의 사실만 보고, 상황을 객관적으로 파악하기 위해 노력해야 합니다.

예민하다는 게 나쁜 것만은 아닙니다. 다만 감정에 대한 피로감이 빈번해질 수 있습니다. 때문에 이런 사람일수록 평소 편안하고 고요하게 지내고 싶다는 욕구가 크고, 때론 아무런 감정도 느끼지 않은 채 지내길 바랍니다. 또 예민한 사람들은 감정적인 면에서 타인과 자신을 자주 비교합니다.

"다른 사람들은 감정에 휩쓸리지 않는 것 같던데…,
나만 이렇게 흔들리는 걸까?"

비교가 거듭될수록 나 아닌 다른 사람들은 모두 문제가 생기면 효율적으로 해결하는 것만 같습니다. 그러면 상대적으로 스스로를 부족하게 느끼기 쉽습니다. 그러니 타인을 기준 삼아 자신을 비교하고 비판하는 시각에서 벗어나도록 해봅니다.

예민한 사람들은 기질적으로 다른 사람보다 감정을 자주 강렬하게 느끼는데, 주된 4가지 유전적인 특성이 있습니다.

기질적 요인

- 정서적 자극에 대한 과민성

정서적 자극에 민감해서 사소한 자극에도 쉽게 각성됩니다. 그 결과 다른 사람들에 비해 정서적인 자극에 더 빈번하게 반응합니다.

- 정서적 자극에 대한 반응성

정서적 자극에 빠르고 강하게 반응합니다. 다른 사람들보다 정서적인 자극에 더 강렬하게 반응하다 보니 말과 행동이 극적일 수 있습니다.

- 정서적 자극에 대한 지속성

정서적으로 각성된 상태에서 이전 상태로 돌아가기까지 시간이 더 오래 걸립니다. 다른 사람들보다 정서적인 각성상태가 더 오랫동안 지속되며 이후의 정서적 자극에 더 민감하게 반응합니다.

- 충동조절의 어려움

정서적인 민감성으로 인해 다른 사람들보다 행동을 조절하는 데 어려움을 겪습니다. 때로는 특정한 스트레스 사건이 없음에도 불구하고 갑작스럽게 기분 변화를 겪으며, 압도되는 느낌과 함께 자기통제에 어려움을 느낄 수 있습니다.

환경적 요인

부정적인 양육환경에서 자랐다고 정서적으로 반드시 예민한 사람으로 성장하는 것은 아닙니다. 하지만 양육자나 주변의 가까운 사람들이 정서적 민감성의 특징을 잘 이해하지 못하거나 부정적으로 반응하는 환경에서 자랐다면 자신이 느끼고 생각하고 행동하는 것이 틀렸다는 인식이 강해질 수가 있고, 그로 인해서 정서적인 예민함이 더 강화될 수는 있습니다.

**예민하다는 건
야단을 맞을 일도
비난을 받을 일도 아닙니다.**

특히 유년기에 주변 사람들이 예민함을 특이한 것으로 간주하며 아이를 탓하거나 감정을 차단하거나 무시하는 상황이 반복되면 아이는 자신과 자신의 감정에 대해 부정적인 인식을 갖게 됩니다. 또한 예민하다는 이유로 경험을 인정받지 못하거나 하찮은 취급을 받거나 돌봄 대신 처벌을 받는 상황이 반복되면 아이는 행동조절과 문제해결 능력이 부족한 채로 성장하게 됩니다. 주변의 부정적인 평가가 내재화되면 '예민함은 잘못된 것'이라는 그릇된 신념이 형성되기 쉽습니다. 이는 부정적인 자아상을 형성하는 데 영향을 미칩니다. 부정적인 신념의 또 다른 문제는 감정적으로 예민해질 때마다 유년기에 주변 사람들이 자신에게 그랬던 것처럼 자신을 부정적으로 대하게 된다는 점입니다.

감정적 수용이 부족한 경우 감정에 대한 이해와 공감을 얻기 위해 다른 사람에게 더 큰 요구를 하거나 감정을 과도하게 호소하기도 합니다. 어린 시절 강하게 감정적인 요구를 하거나 표현을 해야만 양육자가 관심을 보이는 상황이 반복되었다면 성인이 되어서도 극적인 행동으로 관심이나 주의를 끌려는 행동을 지속할 수 있어 주의가 필요합니다.

무엇보다 감정이 커질 때 자신에 대한 부정적인 생각이 더해지면 현명하게 대처하기가 어렵습니다. 그러니 나의 감정을 있는 그대로 수용하고 인정해보세요. 그러다 보면 실제로 강했던 그 감정이 점차 사라지는 것을 경험하게 될 것입니다.

**정서적인 예민함은
삶의 순간을 깊이 느끼게 해주는
선물이기도 합니다.**

하지만 예민함은 해결해야 할 과제이기도 합니다. 순간적인 감정에 의해 이성이 마비되면 원치 않는 반응을 보일 수 있으며, 이는 더 큰 악순환을 초래할 수 있습니다. 그러므로 민감성을 줄이는 방법을 배우는 것은 매우 중요합니다.

정서적 예민함을 조절하는 감정코칭

예민함이 커지면 즉시 감정의 강도를 낮춘다
강한 감정상태에서는 객관적인 판단력과 문제해결 능력이 낮아지므로 그 순간에는 반응하지 않습니다. 이를 위해 감정이 커지면 우선 몇 초간 멈춰서 이완하며 각성을 낮춥니다. 이때 '이완'이나 '평화'와 같은 진정을 돕는 말을 함께 합니다. 그 다음에 '지금 어떻게 행동하면 좋을지' 해결방법이나 대처방법을 생각해봅니다.

자신의 예민함을 부정적으로 보지 않는다
'난 민감한 기질이 있어'라고 스스로 인정하고, 강렬한 감정이 들 때 이를 회복하는 데 집중합니다. 감정을 진정시키는 데 도움이 될 만한 활동을 미리 생각해두고, 그것으로 진정을 돕습니다. 친구와 수다 떨기, 음악 듣기, 가벼운 산책이나 운동하기, 영화 보기, 책 읽기, 아로마오일이나 향으로 감각을 이완하기 등 차분해질 수 있는 것이라면 무엇이든 좋습니다.

예민함의 장점과 약점을 고르게 인식하자
예민함으로 인한 부정적인 측면에 지나치게 초점을 두기보다는 예민함이 가져다주는 좋은 면을 인식하고, 일과 관계에서 자신의 감정을 긍정적인 에너지로 전환합니다. 다른 사람에게 더욱 공감하고 충분히 표현하며, 깊게 감동하는 순간들을 통해 자신만이 누릴 수 있는 긍정의 순간들을 늘려갑니다.

진정을 돕는 자기대화를 상황별로 만들자
'차분히 하자', '지난번에도 잘 해냈어', '내가 바꿀 수 없는 것들은 받아들이자'와 같이 마음을 차분하게 가라앉힐 수 있는 나만의 주문을 사용합니다. '짜증 난다', '화가 난다', '너무 힘들다'라고 반복하면 할수록 감정은 더욱 커질 뿐입니다.

평소 자기를 인정하는 연습을 자주 한다
타인의 인정과 수용에 민감해지는 나를 돌보기 위해서는 먼저 자기 자신을 인정하고 수용하는 것이 필요합니다. 작은 성취도 인정하고, 스스로를 격려하며, 과거에 잘했던 일들을 하나하나 되짚어보며 자신에 대한 긍정적인 이해를 키워나갑니다.

하루 10분, 감정을 알아차리는 연습을 한다
내 마음이 지금 어떠한지 바라보며 감정을 인정하고 헤아리는 시간을 갖습니다. 마음을 바라보며 자신이 원치 않는 감정을 느끼고 있다는 사실을 받아들입니다. '지금 어떤 감정을 느껴도 괜찮다'고 인정하며 받아들입니다. 감정을 알아차리되 감정에 따라 반응하지 않는 연습을 반복하다 보면 감정에 따라 충동적으로 반응하는 일이 줄어듭니다.

타인의 말과 행동을 있는 그대로 본다
타인의 생각과 행동의 의도를 계속해서 추측하다 보면 괴롭기만 합니다. 짐작은 예민함을 더 키울 뿐입니다. 사실 중심으로 보고 더는 생각하지 않도록 합니다. 상황을 있는 그대로 보기 위해서는 사실 이상의 추론과 판단이 반복되지 않도록 주의를 기울여야 합니다. 사실과 자의적인 해석을 구분하는 것은 예민함을 줄이는 데 매우 중요합니다. 예를 들어, 누군가 답변을 짧게 하는 것은 사실이지만, 그 이유를 추측하는 것은 자의적인 판단입니다. 자의적인 판단이 아닌 사실에 집중할 때 비로소 타인에 대한 오해와 잘못된 추론, 왜곡된 근거에 반응하는 일이 줄어듭니다.

타인에게 친절하게 말하는 연습을 자주 하자
타인에게 너그러운 태도를 보일 때 판단하려는 마음도 버릴 수 있습니다. 일상에서 판단이 줄어들고 너그러운 태도와 표현이 많아질수록 삶은 그만큼 편안해집니다. 만일 익숙지 않다면 주변의 가까운 사람에게 연습해봅니다. 그리고 점차 그 범위를 넓혀가며 연습해온 방식을 표현해봅시다.

"정서적 예민함은 우리의 귀중한 감정 중 하나입니다.
더 큰 공감과 이해를 만들어주죠.
이 감정을 통해 더 따뜻하고 풍요로운 시선을 만들어보세요."

자애로 나를
감싸안으며

편안하게 앉아
몇 차례 호흡하며
이완해주세요.

지금 나의 감정에
주의를 기울여보세요
감정은 마치 파도와 같아요.
일어나면 사라지고
다시 일어나곤 해요.

어떠한 감정이든
파도의 흐름처럼 느껴보세요.
만일 강한 감정을 느낀다면
있는 그대로 감정을 알아봐 주세요.

"나에게 슬픔이 있구나."
"나에게 두려움이 있구나."

그리고
나를 돌보는
따뜻한 말을 해주세요.

"내가 편안하기를…."
"내가 행복하기를…."
"내가 건강하기를…."

나에게 스며든 감정을 이해하는 것은 중요해요. 우리는 감정을 잘 알아차리지 못해요. 그러다 보니 강한 감정이 일어나야 비로소 '내가 많이 힘들었구나'라고 느껴요. 감정이 커지면 조절하기 힘들어져요. 그러니 평소 자비 마음챙김으로 자신을 돌봐주세요.

오늘도 내일도 나를 사랑해

긍정적인
자기대화(self-talk)로 나를 돌보기

요즘 스스로에게 어떤 말을 가장 자주 건네시나요? 습관적인 자기대화(self-talk)는 무엇인가요? 혹시 부정적인 말을 반복하고 있지는 않으신가요?

"나는 잘할 수 없어."
"내가 그렇지 뭐."
"힘들어."
"짜증 나."
"나는 왜 이렇게 못할까?"
"오늘도 여전히 힘들겠지."

우리는 종종 무의식적으로 스스로에게 부정적인 말을 건네곤 합니다. 하지만 이런 부정적인 '자기대화'는 우리의 하루를 무겁게 만들고, 미래를 향한 막막함만을 키웁니다. 따라서 자신에게 습관적으로 건네는 내면언어가 어떤 것인지 잘 살펴봐야 합니다.

긍정적인 자기대화는 단순히 자신을 칭찬하고 격려하는 것 이상의 의미를 지닙니다. 이는 우리의 정신건강과 삶의 질을 크게 향상시킬 수 있는 강력한 도구입니다.

"나는 할 수 있어."
"괜찮아."
"나는 소중한 존재야."
"오늘은 어제보다 더 나을 거야."
"분명 잘 될 거야."

이런 말을 스스로에게 하는 것만으로도 마음가짐과 행동이 놀랍도록 달라질 수 있다는 사실 알고 계시나요? 이제 긍정적인 자기대화가 우리의 일상과 미래에 어떤 변화를 가져올 수 있는지, 그리고 이를 실천하는 방법에 대해 깊이 있게 알아보겠습니다.

자각하기
먼저, 자신이 어떤 부정적인 생각을 하고 있는지 자각하는 것이 중요합니다.

대체하기
부정적인 생각을 긍정적인 생각으로 대체해보세요. "나는 할 수 없어" 대신 "나는 할 수 있어"라고 말합니다.

반복하기

긍정적인 문장을 반복해서 자신에게 말해보세요. 하루에 필요한 긍정의 문장을 정해서 여러 번 반복합니다. "나는 매일 조금씩 더 나아지고 있어", "나는 나 자신을 믿어"와 같은 문장을 만들어 되새깁니다. 반복은 긍정적인 사고를 강화하는 데 도움이 됩니다.

긍정문 낭독하기

긍정적인 문장을 글로 적고, 그것을 눈에 보이는 곳에 두고 자주 읽어보세요.

감사하기

하루에 감사한 일을 떠올리고 그것을 긍정적인 말로 되새기세요. "오늘 좋은 날씨 덕분에 산책을 즐길 수 있어서 감사해"라고 말하는 겁니다. 감사하는 마음은 긍정적인 사고를 키워줍니다.

부정적인 생각을 자각하기 위한 마음연습

감정일기 쓰기
하루 동안 느낀 감정과 생각을 기록하는 일기를 작성하세요. 부정적인 생각이 언제, 어떤 상황에서 발생하는지 파악할 수 있습니다.

자기탐색 시간 갖기
매일 시간을 정해 그날의 생각과 행동을 돌아보는 시간을 가지세요. 부정적인 패턴을 발견할 수 있습니다.

명상과 마음챙김
명상이나 마음챙김 연습을 통해 현재 순간에 집중하고 자신의 생각과 감정을 관찰하세요. 부정적인 생각을 인식하는 데 큰 도움이 됩니다.

신뢰할 수 있는 사람과의 대화
친구나 가족 등 신뢰할 수 있는 사람과 자신의 감정과 생각을 이야기해보세요. 그들에게 스스로 인식하지 못하는 부정적인 생각에 대해 피드백을 요청해보세요.

생각기록 카드
부정적인 생각이 떠오를 때마다 이를 카드나 메모지에 적어보세요. 나중에 이를 모아 어떤 패턴이 있는지 분석해볼 수 있습니다.

알람설정
하루에 몇 번 알람을 설정해 그 순간의 생각과 감정을 살펴보세요. 일상 속에서 무심코 지나치는 부정적인 생각을 자각할 수 있습니다.

자기질문
부정적인 생각이 들 때마다 "왜 이런 생각을 하고 있을까?"라고 스스로에게 질문해보세요. 그 생각의 근원을 파악할 수 있습니다.

부정적인 자기대화(self-talk)는 자신을 비하하고, 감정적으로 고립감을 느끼게 하는 등 정신건강에 큰 영향을 미칩니다. 따라서 부정적인 자기대화를 인지하고, 이를 긍정적인 말로 바꾸는 것이 중요합니다. 긍정적인 자기언어는 자기 존중감을 높이고, 동기부여를 강화하며, 전반적인 삶의 만족도를 향상시킵니다. "나는 이 일을 못 할 거야"라는 생각을 "나는 이 도전을 극복할 수 있어"로 바꿔보세요. 작은 변화가 큰 차이를 만들어냅니다.

"나는 나 자신을 믿어."

"나는 어떤 어려움도 극복할 수 있어."

"나는 충분히 가치 있는 사람이야."

"나는 매일 조금씩 더 나아지고 있어."

"나는 더 나은 내가 될 수 있어."

"나는 나의 가능성을 믿어."

"나는 충분히 강해."

"나는 모든 상황에서 긍정적인 면을 볼 수 있어."

"나는 내 자신을 사랑하고 존중해."

"나는 내가 원하는 것을 이룰 수 있어."

"긍정적인 자기대화는 우리의 내면을 강화하고, 삶의 모든 도전에 맞서는 힘을 줍니다. 오늘도 자신을 믿고, 긍정적인 생각으로 가득 채워보세요."

너 때문이잖아, 너!

'남 탓'하는 사람들의 특징과
방어기제

어떤 행동을 한 후 비난이나 자책을 피하려고 그럴듯한 구실을 만들어 행동을 정당화하는 경우가 있습니다. 이는 자기보호를 위한 부적응적 방어기제인 '합리화(Rationalization)'에 해당합니다. 합리화란 일종의 '이유 대기'로 적절한 이유를 들어 자신의 행동을 받아들일 만한 수준으로 바꿔버리는 것을 말합니다.

합리화는 자존감을 보호해주는 강한 심리적 보상이 있어서 반복되는 경향이 있습니다. 합리화에 빠지면 자기 객관화가 어려워져 잘못된 행동을 지속하게 됩니다. 개선이 필요한 행동임에도 합리화를 통해 문제를 회피하기 때문에 새로운 행동이나 의미 있는 변화를 이루기가 어렵습니다.

'이유 대기'는 대인관계에서도 기본적인 신뢰를 무너뜨리는 원인이 되고는 합니다. 갈등이나 문제가 발생할 때마다 자기 정당화를 하게 되면 상대방은 관계에서 정신적인 소진을 겪게 됩니다. 타인에게 정서적인 폭력이나 심리적인 고통을 주기 때문입니다. 반면 자신의 행동은 그럴 듯한 이유로 정당화해서 무마시키곤 합니다. 만일 주변에 근본적인 문제해결을 무시한 채 자기변명에만 급급한 사람이 있다면 거리를 두거나 그 관계에서 벗어나는 것을 고려해봐야 합니다.

'합리화'와 '합리적 사고'는 같지 않습니다.

우리는 간혹 '합리적 사고'와 '합리화 방어기제'를 혼동합니다. '합리적 사고'는 일어난 사실을 그대로 인정하며 객관적으로 문제를 해결하는 처리방식입니다. 반면 방어기제로서의 '합리화'는 '인정'이 아닌 '부인'하는 방식으로 나타납니다. 또 전반적인 문제해결보다는 주관적인 입장에서 상황을 이해하는 데 집중합니다. 때문에 현명한 대안을 마련하는 데 어려움이 따릅니다.

우리는 때때로 '이유 대기'를 흔한 습관으로 여겨 가볍게 지나칩니다. 그러나 삶의 문제를 합리화 방어기제로 대처하다 보면 문제의 원인을 타인에게서 찾는, 일종의 '남 탓'이 반복됩니다. 문제를 해결하려면 자신과 타인, 그리고 상황적 요소를 균형 있게 볼 수 있어야 하는데, 자신을 제외한 타인이나 상황으로 원인을 돌리면 바른 해법을 찾기 어렵습니다.

합리화 방어기제를 잘 다루기 위해서는 반복적으로 발생하는 자신의 문제행동을 직면하고 인정할 필요가 있습니다. '직면'과 '인정'에 능동적일 때 비로소 변화가 시작됩니다. 오랜 방어기제를 바꾸는 데는 지속적인 노력이 필요하지만, 이는 자신의 성장과 발전을 위한 과정이기 때문에 포기하지 말고 꾸준히 노력해야 합니다. 이렇게 할 때 비로소 진정한 변화를 경험할 수 있습니다.

내 마음속
진짜 숨은 감정은 무엇인가요?

인정을 했다면 이제는 어떤 상황에서 합리화 방어기제를 사용하는지 구체적으로 분석해봅니다. 자존감을 지키기 위해서인지, 정서적 고통을 완화하기 위해서인지, 스트레스가 심할 때인지, 혹은 타인의 지지를 얻고 싶어서인지 내 마음속 숨은 감정을 찾아봅니다.

나아가 자신의 합리화된 생각들이 논리적이고 상황에 적합한지 검토해봅니다. 최근에 합리화 방어기제가 발생했던 상황을 떠올리며 그 상황에서 합리화를 통해 얻은 득과 실을 단기적·장기적인 관점에서 평가하고, 나아가 각 상황에 맞는 효율적인 대처방법을 마련해봅니다.

합리화 방어기제를 가볍게 여기면 특정 문제가 반복될 수 있습니다. 만성적이고 습관적인 이유 대기는 자신뿐만 아니라 타인과의 관계에도 어려움과 갈등을 초래합니다. 자기 합리화가 반복된다면 내 안에서 어떤 부분을 감추고 싶어 하는지, 어떤 욕구를 더 잘 돌봐줘야 하는지 살펴서 이를 자기 돌봄이 필요한 신호로 받아들이는 것이 중요합니다. 우리는 언제든지 자신에게 도움이 되는 선택을 할 수 있으며, 기회는 항상 주어져 있습니다.

"성장은 자신을 마주 보는 순간 시작됩니다. 그 순간, 내면은 더 강하고, 더 지혜롭고, 더 인간답게 변하게 되죠. 두려워 말아요. 분명 새로운 길을 발견할 수 있을 거예요."

터널 속에선 고개를 돌릴 수 없어

우울증을 유발하는
부정적인 생각 다루기

살아가는 동안 마주하게 되는 크고 작은 문제들에 어떻게 대처하느냐는 매우 중요한 문제입니다. 하지만 위기는 언제나 예고 없이 찾아와서 그때마다 효율적으로 대응하는 것이 말처럼 쉽지만은 않습니다. 특히 기대했던 일에서 큰 좌절을 겪으면 절망감에 빠져 모든 일에 대한 의욕과 동기마저 잃고 더는 앞으로 나아가지 못하기도 합니다.

이렇게 절망감에 빠지면 미래에 대한 희망이 보이지 않습니다. 억지로 미래를 그려보았자 '지금과 다를 바가 없을 것' 같다는 생각만 듭니다. 끝이 보이지 않는 터널에 갇힌 느낌입니다. 이를 '터널 시야(Tunnel Vision)'라고 하는데요, 마치 터널 속에 있으면 주변이 보이지 않듯이 다른 관점이나 시각을 잃고 마음을 닫아버린 상태를 말합니다. 이는 우울한 기분에 영향을 주는 '인지오류' 중 하나입니다.

마음이 우울할 때는 여러 부정적인 생각들이 연쇄적으로 일어납니다. 미래에 대한 희망이 보이지 않게 되면서 무기력이 찾아오고, 자책하고 자신을 비난하게 되며, 결과적으로 자신감이 떨어지고 심리적으로 위축된 상태가 됩니다.

우울한 기분을 유발하는 인지오류 유형

파국적 사고(Catastrophic Thinking)
최악의 상황을 예상하고, 그 상황이 실제로 일어날 것이라고 믿는 사고방식입니다. 작은 문제나 불안의 원인을 과장하고, 그로 인해 심각한 결과가 발생할 것이라고 생각합니다.

"시험에서 떨어지면 내 인생은 끝이야."

터널 비전(Tunnel Vision)
제한된 관점으로 상황을 인식하는 사고방식으로 주로 부정적인 측면에만 집중해 다른 가능성이나 시각을 배제합니다. 마치 터널 속에서 다른 방향을 보지 못하는 것과 같습니다.

"현재는 절망적이야. 앞으로도 나아질 가능성은 없어."

흑백논리(이분법적 사고, Black-and-White Thinking)
상황이나 사람을 극단적인 두 가지 범주로만 인식하는 사고방식입니다. 중간 지점이나 다양한 가능성을 고려하지 않고, 모든 것을 성공 아니면 실패, 있음 아니면 없음으로만 분류합니다.

"그 사람이 날 좋아하지 않는 걸 보니 날 싫어하나 봐."

개인화(Personalization)
자신과 직접 관련이 없는 사건을 자신과 연관 짓는 사고방식입니다. 자신이 통제할 수 없는 외부사건에 대해 자신에게 책임을 돌리는 경향을 포함합니다.

"그애가 기분이 안 좋아 보여. 내가 뭔가 잘못했나 봐."

명명하기(Labeling)
특정 행동이나 사건으로 자신이나 타인을 정의하는 사고방식입니다. 사람이나 상황을 하나의 특징으로 일반화하여 판단합니다.

"나는 실패자야. 그 프로젝트를 완성하지 못했으니까."

과잉 일반화(Overgeneralization)
하나의 사건을 통해 모든 것을 일반화하는 사고방식입니다. 하나의 부정적인 경험이 모든 상황에 적용된다고 생각합니다.

"그가 나를 비판했듯이 주변 사람들도 나를 똑같이 생각할 거야."

임의적 추론(Arbitrary Inference)
충분한 증거 없이 부정적인 결론을 내리는 사고방식입니다. 이는 주로 부정적인 결과를 예상하거나, 상황을 비현실적으로 해석하는 것을 포함합니다.

"나를 무시하는 것 같아. 나를 싫어하는 게 분명해."

감정적 추론(Emotional Reasoning)
자신의 감정을 객관적인 사실로 받아들이는 사고방식입니다. 즉, 감정을 논리적 근거 없이 사실로 받아들입니다.

"너무 불안해, 분명히 무언가 잘못되고 있는 거야."

정신적 여과(Mental Filtering)
전체적인 맥락을 무시하고, 오로지 부정적인 부분에만 집중하는 사고방식입니다. 긍정적인 경험이나 피드백을 무시하고, 부정적인 경험이나 피드백에만 주의를 기울입니다.

"회의에서 대다수가 내 아이디어를 좋아했지만, 몇몇이 반대 의견을 냈어.
결국 내 아이디어는 실패한 거야."

**우울한 기분은
여러 인지적 변화를 일으킵니다.**

우울하면 자신도 모르게 부정적인 생각으로 머릿속이 가득 채워지고, 이러한 생각들은 점점 극단적으로 변합니다. 부정적인 생각이 이어질수록 괴로움은 더욱 커지게 됩니다. 그렇기 때문에 우울할 때 나타나는 마음의 습관을 이해하는 것이 매우 중요합니다. 때로는 우울증의 원인과 과정을 이해하는 것만으로도 부정적인 자기인식에서 벗어나는 데 큰 도움이 될 수 있습니다.

우울해지면 생각이나 감정을 '나(self)'와 동일시하는 경향이 있습니다. 이때 자신을 우울 그 자체로 인식하면 부정적인 자기개념을 가지게 됩니다. 그러나 우울한 감정이 '나' 자체일 수는 없습니다. 우울은 단지 내 마음속에 존재하는 감정일 뿐입니다. '우울한 감정을 느끼는 나'로서 객관적으로 내면의 감정을 바라보면 별도의 자기인식이 강화됩니다.

**스스로에게 우울한 사람이라는
꼬리표를 붙이지 마세요.**

우울한 감정이 나를 사로잡을 때는 부정적인 생각과 거리를 두어보세요. 자신의 생각을 한 걸음 떨어져서 바라보면 내면의 부정적인 메시지를 관찰할 수 있습니다. 생각을 관찰자의 시선으로 보는 습관을 길러보세요. 부정적인 생각에 동일시되지 않게 되면 평소 원하던 태도나 행동을 선택할 수 있는 여유를 가질 수 있을 것입니다.

**우울할 때 나타나는 사고는
누구나 예외 없이
일정한 패턴을 보입니다.**

첫째, 자기 자신과 세상, 그리고 미래를 부정적으로 생각합니다. 이를 우울증의 대표적인 '인지삼제(Cognitive Triad)'라고 하는데, 우울증을 겪는 사람들이 공통적으로 나타내는 세 가지 부정적인 사고패턴을 의미합니다. 특히 자신을 향한 부정적인 자기비난이 두드러집니다. '나는 무가치하다', '나는 무능력하다', '모든 게 내 탓이다'라는 식으로 문제의 원인을 자신에게 돌리는 경향이 강합니다. 간혹 자기평가를 엄격하게 하지 않으면 실패를 겪을지도 모른다는 생각에 과도하게 자신을 몰아세우는 경우도 있습니다. 그러나 지나친 자책과 자기 처벌적인 비난은 오히려 심리적 위축을 초래해 자신감을 낮추고 무기력감을 유발할 수 있음을 잊지 말아야 합니다.

둘째, 우울할 때는 특정 사건을 곱씹어보는 '반추사고'가 나타납니다. 반추사고에 빠지면 같은 주제를 계속해서 반복하게 됩니다. 이로 인해 새로운 해결책을 찾기 어려워지고, 마음의 고통이 커집니다. 이럴 때 단순히 생각을 차단하는 것만으로도 감정조절에 큰 도움이 됩니다.

"Stop!"

생각이 일어날 때마다 "Stop"이라고 말하거나 자신만의 중지단어를 만들어 생각을 차단해보세요. 이를 '사고중지법'이라고 합니다. 생각을 없애려고 할수록 그 생각에 더욱 사로잡힐 수 있으니, 사고통제 전략을 통해 연쇄적인 생각에서 벗어나도록 합니다.

셋째, 우울한 기분에 영향을 미치는 '비합리적 신념'을 탐구합니다. 비합리적 신념이란 자신과 타인, 그리고 세상에 대한 비현실적이고 타당하지 않은 기

대와 요구를 말합니다. 우울할 때는 흔히 '연인이라면 모든 것을 공유해야 한다', '친구라면 늘 이야기를 들어주어야 한다', '부모라면 항상 이해해주어야 한다'와 같은 당위적 사고를 하게 됩니다. 만약 그렇다면 나의 신념이 유용한지, 타당한지, 즉 신념의 유용성과 타당성을 묻는 질문을 스스로에게 해보세요. 그 같은 질문을 통해 비합리적 신념의 효율성을 검토해봅니다.

이 생각이 합리적인가?
이 생각이 문제해결에 효율적인가?
다른 대안적인 생각은 없는가?

넷째, 부정적인 사건에만 주의를 기울이는 '선택적 주의'가 나타납니다. 부정적인 단서에만 몰두하면 기분이 나아질 수 없습니다. 따라서 의도적으로 긍정적인 사건에 주의를 기울여 심리적 균형을 유지해야 합니다. 최근의 연구결과를 보면 우울한 사람들은 일반인보다 긍정적인 사건에 덜 주의를 기울인다고 합니다. 이러한 주의편향은 우울한 기분을 깊게 하고 지속시키는 데 영향을 미칩니다. 그러므로 부정적인 감정을 통제하려 하기보다는 긍정적인 경험의 빈도를 늘리는 것이 중요합니다.

우울한 기분은 누구에게나 찾아올 수 있습니다. 이를 극복하기 위해서는 적절한 대처가 필요합니다. 자신의 감정을 이해하고 더 깊어지지 않도록 관리하기 위해 긍정적인 경험을 늘리고, 주변 사람들과 소통하며, 스스로를 돌보는 노력을 기울여 우울을 잘 다루어봅시다.

"우울함이 찾아오면 그것은 '당신이 자신에게 더 많은 시간을 주어야 한다'는 신호입니다. 마음을 가라앉히고, 자신을 이해하며, 작은 기쁨을 찾는 시간을 가져보세요. 그 시간들이 당신을 다시 일으켜 세울 것입니다."

상처는 아프지만 결국엔 아물어

회복탄력성을 키우는
7가지 요인과 대처법

우리는 목표를 추구하는 과정에서 다양한 난관을 만나게 됩니다. 특히 삶에서 소중하고 가치 있는 목표를 이루기 위해서는 많은 노력이 필요하며, 여러 장애물을 극복해야 합니다. 그런데 어떤 사람은 문제를 빠르게 해결하면서 나아가는 반면, 어떤 사람은 오랜 시간 좌절과 절망, 불안과 두려움을 겪습니다.

심리적 고통에서 벗어나 자신의 삶을 다시 세우는 데 있어 개인차는 분명 존재합니다. 이러한 고통에 대한 회복력의 차이를 만드는 힘과 자원을 '회복탄력성(Resilience)'이라고 합니다. 인생에서 고통을 완전히 피할 수는 없지만, 회복탄력성이 높다면 다양한 고난과 역경을 이겨낼 수 있을 뿐만 아니라 크고 작은 도전에 맞설 수 있습니다.

그런데 회복탄력성은 타고나는 것일까요, 아니면 키울 수 있는 능력일까요? 스트레스 사건에 대한 반응은 생물학적, 환경적, 심리적 요인의 상호작용으로 나타납니다. 그러나 우리는 이러한 요소들을 잘 다루어 긍정적인 방향으로 전환할 수 있는 잠재된 힘을 가지고 있습니다. 회복탄력성은 누구나 가질 수 있지만, 이를 계발하고 강화하기 위해서는 노력이 필요하다는 의미이기도 합니다.

심리학자들은 오랜 시간 동안 회복탄력성에 영향을 미치는 요인들을 연구해왔습니다. 여러 가지가 있지만, 회복탄력성에 중요한 공통요소로는 긍정성, 유연성, 끈기, 가치, 자기돌봄, 자기조절, 대인관계가 있습니다.

**긍정성, 유연성, 끈기, 가치,
자기돌봄, 자기조절, 대인관계**

회복탄력성을 좌우하는 7가지 요소를 어떻게 강화하느냐에 따라 삶의 문제들에서 더 큰 성장과 도약을 이룰 수 있습니다. 이 중 몇 가지 요소에만 신경을 써도 이러한 요소들이 스트레스에 대한 보호막이 되어 내면의 치유력을 빠르게 향상시킬 수 있습니다.

**회복탄력성을 키우면
더 멀리 더 높이 도약할 수 있습니다.**

회복탄력성을 키우는 데 필요한 자원에는 우선순위가 없습니다. 일상에서 자신의 상황에 맞게 7가지 요인을 살펴보고 노력하다 보면 스트레스에 대한 민감도나 어려움을 극복하는 힘이 점차 커지는 것을 느낄 수 있을 것입니다. 가장 중요한 것은 조금씩 성장하는 자신을 인정하고 격려하는 마음가짐을 유지하는 것입니다.

긍정성

긍정성은 심리적 웰빙의 중요한 요인입니다. 어떤 상황이나 문제의 원인을 자신에게 도움이 되는 방향으로 해석하고, 미래를 노력과 행동으로 개선할 수 있다고 믿으면 불안과 두려움에 갇히지 않게 됩니다. 특히 부정적인 이야기로 가득 찬 생각은 문제해결에 전혀 도움이 되지 않습니다. 고장 난 라디오처럼 반복되는 부정적인 생각을 잘 알아차리고, 이에 마음이 휩쓸리지 않도록 해야 합니다. 내부 비판자의 말에 따르다 보면 모든 메시지가 사실처럼 느껴져 스스로를 부족하고 무가치하며 무능한 존재로 여기게 됩니다.

유연성

심리적 유연성을 키우기 위해서는 문제를 단일한 방식으로 보지 않고 다양한 관점으로 해석하는 사고전환이 필요합니다. 심리치료에서는 문제를 다각도로 보는 훈련으로 '파이기법'을 사용합니다. 파이 조각처럼 여러 측면에서 상황을 바라보면 객관적인 평가가 가능해지고, 합리적인 의사결정과 문제해결이 가능합니다. 자신, 타인, 상황의 각 측면을 살펴보는 연습을 자주 하면 편향된 사고에서 벗어나 다양한 방식으로 문제를 볼 수 있는 사고의 유연성이 점차 커집니다.

끈기

끈기는 여러 난관과 좌절에도 불구하고 목표를 향해 자발적으로 행동을 지속하는 능력입니다. 이는 시작한 일을 끝까지 마무리하는 능력으로 장애물에도 불구하고 계획된 행동을 지속하며 과제를 완수하는 인내심에 해당합니다. 특히 역경을 견뎌내며 무언가를 완수한 경험은 자신감을 키워줍니다.

끈기를 키우기 위해서는 낮은 단계의 목표를 꾸준히 실천하는 연습이 필요한데요. 처음에는 작은 단위로 나누어 성취감을 느끼는 데 초점을 맞추는 것이 좋습니다. 또한 그 과정에서 행동을 촉진하는 자기격려도 중요합니다. 이는 동기부여에 도움이 되고, 어려운 상황에서도 해낼 수 있는 힘을 줍니다.

가치

소중히 여기는 것, 나만의 가치를 찾는 것은 삶을 더 나은 방향으로 전환할 수 있는 기회를 제공합니다. 가치는 삶의 나침반과 같은 역할을 합니다. 삶에는 여러 역경이 있지만, 가치를 세워두면 좌절을 겪더라도 앞으로 나아갈 수 있습니다. 예를 들어, '대인관계에서 배려하는 사람이 될 거야'라는 것에 가치를 둔다면 상대방이 서운하게 행동해도 관계를 멀리하기보다는 배려를 지속할 수 있습니다. 일에서의 가치를 '잠재력을 발견해가는 사람이 될 거야'라고 설정한다면 실패해도 그 과정에서 노력과 배움을 발견하는 데 초점을 둘 수 있습니다.

이처럼 가치란 어떤 목표가 이루어지지 않아도 자신이 정한 바를 향해 나아가도록 돕는 원동력이 됩니다. 자신만의 삶의 영역별로 가치를 만들고, 그 가치에 맞는 행동을 계획하고 꾸준히 실천해보세요. 가치가 눈앞의 어려움 속에서도 나를 앞으로 나아가게 하는 북극성 같은 역할을 해줄 것입니다.

자기돌봄

자기돌봄은 몸과 마음을 잘 돌보는 행동인데, 스트레스를 줄이고 회복력을 높이고 유지하는 데 도움을 줍니다. 그런데 자기돌봄이 부족하면 심신상태를 간과해서 스트레스에 대응하는 게 쉽지 않습니다. 자신에게 위안이 되는 것, 자양분이 되는 것, 하고 싶은 행동, 좋아하는 사소한 것들을 살펴보고, 이러한 활동들을 늘리기 위한 구체적인 계획을 세워 실천해보세요.

자기조절

자기조절 능력이 커지면 중요한 삶의 사건들을 '통제할 수 있다'는 신념이 강화되고, 미래에 대해 긍정적인 확신을 갖게 됩니다. 그런데 이런 자기조절 능력을 흔드는 가장 강력한 요인이 바로 '감정'입니다. 감정에 휩쓸리면 통제감을 잃기 쉽고, 감정적 대응을 하게 되어 원하는 결과를 얻기 어렵습니다.

감정을 잘 다루기 위해서는 자신의 감정을 자주 관찰하는 연습이 필요합니다. 감정이 강렬할 때는 이를 진정시키기 위해 긍정적인 자기와의 대화를 시도해보세요. 대화가 어렵다면 천천히 심호흡을 해보세요. '하나, 둘, 셋…' 하고 속으로 수를 세어보는 것도 좋습니다. 감정의 강도를 조금만 줄여도 회복탄력성이 커지니 자신만의 감정신호를 잘 알아차려서 상황에 적절히 대처하도록 합니다.

대인관계

타인과의 유대감은 주변과 의미 있는 경험을 쌓아가면서 형성되는데, 이는 삶에 안정감과 행복을 줍니다. 얼마나 많은 사람들과의 관계인지는 중요하지 않습니다. 다수의 피상적인 관계보다 몇몇 사람과의 깊이 있는 유대가 더 큰 가치를 지니기 때문입니다. 그러니 다수의 인간관계를 맺어야 한다는 부담을 가질 필요가 없습니다.

반면 대인관계에서 실망하거나 낙담하게 되면 심리적으로 소진되어 회복력이 낮아질 수 있습니다. 이때는 다른 사람의 반응에 연연하기보다는 집중할 것을 찾아 전념해보세요. 때로는 상처가 된 관계와 심리적 거리를 두는 것도 필요합니다. 대인관계에서 반복적으로 보이는 자신의 행동과는 다른 태도를 취하는 것도 회복력에 도움이 될 수 있습니다.

인생에는 누구나 힘겨운 굴곡과 역경이 있습니다. 삶에서 마주하는 고통은 피할 수 없지만, 우리가 스스로를 도울 때 삶의 문제를 보다 유연하게 다룰 수 있고 힘을 얻어 헤쳐나갈 수 있습니다.

"자기돌봄이야말로 회복탄력성의 시작입니다. 자신을 사랑하며, 실수나 실패를 감싸안으며, 그 순간들을 소중한 배움의 기회로 삼아보세요."

마음 챙김

마음의 코어를
탄탄하게

마음의 눈으로 보는 산의 이미지와

산다움에 집중하면서

그 산의 모습과 함께 호흡하세요.

자신이 마치

그 산이 되었다고 느껴보세요.

아름답고,

때론 웅장한 그 산이

바로

내 자신이라고 생각해보세요.

스스로 산이 되어

힘과 안정감을 느끼며

어떤 고난 속에서도

산처럼 든든한 중심축을
유지해가는 모습을 떠올려 보세요.

다시 한 번
전체적으로
내 몸을 느껴보세요.
내 몸 가득
산이 지닌 웅장한 기운과 아름다움을
가득히 채워보세요.

마음이 불안하고 미래의 일에 대한 걱정이 많을 때는 '내가 잘하고 있나?', '내가 잘 나아가고 있나?' 하는 여러 염려가 드는데요, 이런저런 생각이 많아지면 마음도 편치 않고 자신감도 점점 낮아집니다. 그러면 누군가 내 마음을 잘 붙들어주면 좋겠다는 마음이 들 수 있는데요, 이럴 땐 흔들리지 말고 마음의 코어를 바로 잡아주는 마음챙김 명상으로 단단한 하루를 만들어보세요.

나 말고 너 말고 … 우리

relationship

나를 보듯 너를 볼게

자기자비와 타인자비
마음치유의 열쇠

자신의 가치를 소중히 여기고 존중과 사랑으로 대하는 것을 '자기자비(self-Compassion)'라고 합니다. 이는 자기연민이나 자애심으로도 설명될 수 있습니다. 우리는 다른 사람의 보살핌을 받을 때 진정과 위안을 얻습니다. 이는 우리 뇌의 진정시스템이 친절함을 느낄 때 침착해지고 감정이 누그러지도록 설계되어 있기 때문입니다.

진정시스템이 활성화되면 인지, 정서, 행동에서 다양한 변화가 일어납니다. 정서적으로는 평화로움, 안정감, 연결감, 만족감 등의 감정이 생기고, 인지적으로는 주의가 넓어지고 지혜가 발현되며 객관적으로 사고하게 됩니다. 행동적으로는 느려지고 차분해지며 표현과 태도가 부드러워집니다.

물론 진정시스템과 달리 위협시스템도 자기보호 기능을 갖추고 있습니다. 위협시스템은 피해나 손실을 피하거나 최소화하는 역할을 하며, 외부자극을 위협적으로 느낄 때 방어행동을 취하도록 신체를 준비시킵니다. 그런데 이 시스템은 불안, 분노, 두려움, 공포와 같은 감정과 밀접하게 관련되어 있습니다. 따라서 일상에서 사소한 일에 민감하게 반응할수록 위협시스템이 자주 활성화되고, 결국 힘겨운 감정의 고통을 초래할 수 있습니다.

위협시스템은 본래 우리를 고통으로부터 보호하기 위해 설계되었지만, 과민해지면 진정시스템이 억제되고 정서적 불편감이나 과도한 감정만이 남게 됩니다. 민감성을 줄이기 위해서는 자신을 위로하고 힘을 북돋울 수 있는 방법을 찾아야 합니다. 진정모드(Calming Mode)가 친절한 보살핌에서 비롯되듯 자신을 온화하고 자애롭게 대하면 안전하고 다정한 내면의 공간을 만들어낼 수 있습니다.

세상일을 잘 다루려면 먼저 자기 자신과의 관계가 편안해야 합니다. 우리의 마음은 꾸준한 사랑을 필요로 합니다. 자신을 향한 자애로운 마음은 오랜 괴로움을 물러가게 하는 강력한 치유의 힘이 됩니다. 자기자비를 기르면 타인을 향한 자비도 증진됩니다. 이는 자신과 타인의 가치를 지키는 선한 보호막이 됩니다.

자신이나 타인에 대한 원망과 미움 대신 사랑을 선택한다면 앞으로의 삶에 어떤 일이 일어날까요? 자비와 사랑은 내면을 밝히는 등불이자 삶에 생명력을 불어넣는 자양분입니다. 자애의 힘이 드러날 때 삶은 덜 괴롭고 더 평화로워질 수 있습니다.

삶은 필연적으로 상처를 남깁니다. 일, 사랑, 인간관계 등 모든 면에서 그렇습니다. 상처가 덧나지 않도록 잘 돌봐야 마음이 괴로움에 물들지 않습니다. 이를 위해서는 자신을 있는 그대로 존중하고 수용할 수 있어야 합니다. 그래야 건강한 자기와의 관계 속에서 고통을 잘 다룰 수 있습니다.

자신을 돌보는 일이 불편하고 어색하게 느껴지더라도 포기하지 말고 꾸준히 노력해보세요. 자기자비는 자신을 향한 관대한 마음으로부터 시작됩니다. 힘들고 지친 날일수록, 실수가 많았던 날일수록 자신의 마음을 따뜻하게 쓰다듬어 주세요. 자기자비는 고통으로 인해 힘들어하는 내 안의 일부와 친절한 관계를 맺는 것입니다.

그렇다면 타인과의 관계에서 고통을 줄이고 의미 있는 경험을 늘려나가려면 어떻게 해야 할까요? 우리는 나와 타인, 그리고 세상이라는 울타리 안에서 더불어 살아가고 있습니다. 겉으로 보기에는 따로 떨어져 있는 것 같아도 동시에 삶 속에서 존재하지요.

그러나 서로를 분별하며 경쟁자나 적대자로 여기게 되면 내가 머무는 삶의 공간은 늘 시끄럽고 소란스러운 싸움터가 될 수밖에 없습니다. 이 세상은 오직 혼자 힘으로만 살아갈 수 없습니다. 나와 타인의 세계는 하나이니 더불어 살기 위해 노력해야 합니다. 끝없는 원망과 다툼으로 삶을 낭비한다면 자유롭고 행복한 삶은 결코 이룰 수 없겠지요.

타인에 대한 자비는 상대를 있는 그대로 존중하고 수용하는 마음에서 시작됩니다. 상대방을 바꾸려 하지 말고, 그 사람의 참모습을 발견하려고 노력해보세요. 누군가를 만나게 되면 좋은 면을 찾아보고 칭찬해주세요. 우리는 서로 독립된 존재이지만, 지구라는 하나의 행성 안에서 함께 살아가는 특별하고 귀한 존재라는 것을 잊지 마세요.

"따뜻한 미소와 작은 친절은 타인과 나의 관계를 온화하게 만들 수 있습니다. 서로의 존재를 소중히 여기며, 함께하는 시간을 따뜻하게 만들어보세요."

마음
챙김

자애와 사랑으로
나를 돌보기

지금 내 마음을
있는 그대로
느껴보세요.

먼저
관대하고
자애로운 마음으로
나의 마음속에 일어나는
감정을 알아차려 보세요.

비록
원치 않는 감정일지라도
그 감정을 수용하며
내 안에서

편히

머물다

지나갈 수 있도록

허락해주세요.

내 마음을 지금보다 더 공감할 수 있다면 나에게 어떤 변화가 일어날까요? 마음공감은 "괜찮아", "힘내"라고 말하는 것이 아니라 내 마음을 먼저 있는 그대로 헤아려주는 거예요. 내 마음이 슬플 때는 슬픈 그 마음을 알아주고, 기쁠 때는 흠뻑 기뻐하며, 불안할 때는 그 불안과 함께 머물러주는 거예요.

내가 사랑하는 거 알지? 아는 거 맞지?

관계중독에 빠지는 사람들의
특징과 해결방법

관계중독(Relationship Addiction)이란 자신에게 해로운 관계임에도 불구하고 그 관계를 쉽게 끊어내지 못하는 상태를 말합니다. 상대방과 무조건 함께해야 한다는 강박감을 지니며, 감정이나 행동을 통제하지 못하는 것이 특징입니다.

이 용어는 1982년 헝가리의 정신분석가이자 의사인 산도 라도(Sando Rado)에 의해 처음 사용되었습니다. 이후 여러 임상가들에 의해 관계중독은 더 많은 사랑과 도움, 그리고 충족되지 않은 내적 공허감을 채우기 위해 사람에게 집착하거나 몰두하는 상태로 평가되었습니다. '관계중독' 또는 '사랑중독'이라고도 불리는 이 패턴은 과도한 정서적 의존과 심리적 의존이 지속적으로 반복되는 특징이 있습니다.

관계중독의 가장 큰 문제는 자신에게 해가 되는 관계임을 알면서도 그 관계를 끝내지 못하고 유지하는 데 있습니다. 관계중독 성향을 보이는 사람들은 아동기에 학대나 부모로부터 버림받는 등의 외상경험으로 인해 심리적 안정감을 얻지 못한 경우가 많습니다. 아동기에 부모와의 불안정한 관계에서 비롯된 불안이 성인기로 이어지면서 현재의 관계에 중독적인 모습을 보이게 됩니다. 이들에게는 어린 시절 주된 양육자로부터 보호받지 못한 경험으로 인해 특정 관계 속에서 친밀감에 대한 갈망과 함께 두려움이 공존합니다. 생애 초기관계에서의 경험이 성인이 된 이후의 관계에까지 영향을 미치는 것입니다.

관계중독에 빠진 사람들은 만성적인 외로움과 공허함을 호소하며, 관계에 의존적으로 몰두하는 경향을 보입니다. 이들은 특정인과의 관계에 지나친 갈망을 보이며, 해로운 결과가 나타나도 그 관계를 끝내지 못하는 조절의 어려움을 겪습니다.

관계중독은 일상생활에 지장을 초래할 정도로 특정 관계에 몰두하는데, 이는 알코올중독 증상과도 비슷합니다. 관계중독에 빠지면 알코올중독의 세 가지 특징, 즉 관계에 대한 갈망(craving), 갈망에 대한 통제 불능감(out of control), 그리고 부정적인 결과(consequences)를 인지하면서도 이를 지속적으로 반복합니다.

특히 관계중독 경향이 높은 사람들은 자존감이 낮습니다. 혼자 있는 것에 대한 두려움이 크고, 상대가 떠날 것을 두려워해 상대에게 나를 맞추려고만 합니다. 흔히 "사랑에 빠지면 중요한 일을 할 때도 그 사람 생각을 멈추기 어려워", "나는 공허함을 견딜 수 없어", "사랑에 빠지면 집착을 조절할 수 없어"라고 말하는 사람들은 특별한 관계가 형성되면 일상생활을 제대로 유지하지 못합니다. 그러다 관계중독에 빠지면 상대방에게 몰두하는 것을 넘어 희생적인 관계 속에 자신을 밀어 넣습니다. 이런 상황이 되면 심리적 지배와 의존이라는 역기능적 관계가 자리 잡을 수 있습니다.

관계중독에 빠진 사람이 연인관계를 맺으면 지속적인 애정과 관심을 원합니다. 그 관계가 폭력적이거나 파괴적이더라도 애정에 대한 욕구를 조절하지 못하고 관계를 유지하는 데만 급급합니다. 그러다가 상대방이 이러한 욕구를 충족시켜 주지 못하면 외로움과 불안, 심지어 분노를 느끼며 강요하는 행동을 보입니다. 결국 집착으로 이어질 수밖에 없습니다.

**타인에게 중독되면
나를 나로 보지 못합니다.**

관계중독에 빠진 사람은 자기 자신의 가치를 과소평가합니다. 오로지 타인의 사랑과 인정을 통해서만 자기의 가치를 느낍니다. 그래서 작은 애정만으로도 쉽게 마음을 열고, 상대가 보여주는 얕은 애정에 기대어 진실을 보지 못하거나 외면합니다.

또한 나의 존재감을 상대방의 사랑에서만 찾기 때문에 이별을 하게 되면 자기 존재감의 상실로 이어집니다. 그러다 보니 '나쁜 관계'라고 하더라도 관계를 맺지 않은 상태가 두려워 더욱 상대에게 매달립니다. 이런 관계중독에서 빠져나오려면 일단 자신의 욕구와 기대를 명확하게 알아야 합니다. 그리고 건강한 경계를 관계 속에서 설정해나가야 합니다.

관계중독을 극복하는 방법

- 반복되는 관계패턴이 일어나고 있는지 주의를 기울인다.
- 관계를 시작할 때 서두르지 말고 속도를 조절한다.
- 심리적 공허감이 클 때 특정 관계를 시작하지 않는다. 대신 주변의 가까운 사람들과 의미 있는 시간을 늘린다.
- 상대방에게 나의 욕구와 감정을 보다 능동적으로 표현한다.
- 평소 자신의 좋은 면을 찾고자 노력하고, 자신을 있는 그대로 수용한다. 자기 인정과 수용은 자기존중감과 긍정적인 자기상에 영향을 준다.
- 사랑이란 감정에 중독되어 관계를 시작하고 유지하는지 주의한다. 상대방에 대한 애정이 아닌, 사랑 감정에 중독되는 경우 관계중독이 반복된다.
- 관계가치를 수립하고, 가치 중심적으로 행동한다. 감정 중심에서 벗어나 관계가치에 일치되는 행동을 늘려 나간다.
- 내 삶의 중요한 영역과 특정 관계 간의 심리적 균형을 유지한다.
- 독립적으로 의사를 결정하고 문제를 해결할 수 있도록 자기 주도성을 키운다.
- 심리적 학대가 발생하면 이를 주변에 알리고 그 관계를 끊도록 한다. 또 관계중독 개선을 위해 전문가의 도움을 받는다.

"관계는 서로의 빛을 반사하는 거울입니다.
자신을 잃으면 그 빛도 사라집니다."

우리 사이에 당연한 건 없어

좋은 관계를 위한 첫걸음
긍정적인 시선

우리는 인생에서 여러 관계를 맺으며 살아갑니다. 일상 속에서 타인으로부터 인정과 지지를 받기도 하지만, 때로는 상처를 받기도 합니다. 누구나 다른 사람과의 관계에서 자신만의 욕구가 있기에 자신의 욕구와 상대방의 욕구 간의 심리적 균형을 유지하는 것이 중요합니다.

만약 자신이 원하는 것에만 집중하고, 상대방의 필요를 무시한다면 갈등이 생겨 관계가 파국에 이를 수 있습니다. 심리치료 중에 대인관계 불만족을 호소하며 "상대가 나에게 맞춰주지 않을 때 화가 난다"라고 말하는 분들이 종종 있습니다. 그러나 왜 항상 상대방이 나에게 맞춰야 하는지 생각해볼 필요가 있습니다. 인간관계에서 낭연함을 기대할수록 작은 일에도 실망하기 쉽고, 결국 관계가 어긋나버리기 마련입니다.

평소 자신의 욕구에 몰두하다 보면 상대의 상황을 알아차리지 못할 수 있습니다. 원만한 관계를 원한다면 먼저 자신의 관계태도를 돌아볼 필요가 있습니다. 혹시 상대방의 욕구를 좌절시키면서까지 관계를 유지하고 있는 것은 아닌지, 공감을 원하면서도 오히려 관심을 빼앗는 행동을 반복하고 있는 것은 아닌지 생각해보아야 합니다.

주변 사람들과의 관계에서 기대가 지나치거나 보상을 바라는 마음이 크면 결과에 연연하여 쉽게 실망하고 후회하게 됩니다. 상대방이 요구하지 않는데도 혼자 잘해주고 혼자 상처받는 상황이 발생할 수 있습니다. 인간관계가 원만하면 심리적 안정감과 삶의 만족감이 커집니다. 그러나 안정적이고 지지적인 관계에 대한 욕구가 크면 사소한 갈등도 참기 어려워지고 삶의 질이 타인의 반응에 따라 달라질 수 있습니다. 인간관계와 행복 수준에 관한 연구에 따르면 주변 사람들과 의미 있는 상호작용을 하는 사람들은 주관적 행복감과 삶에 대한 만족감이 높은 것으로 나타났습니다.

그렇다면 의미 있는 인간관계나 좋은 관계를 유지하기 위해서는 어떻게 해야 할까요? 인간관계에서 원하는 바를 충족하며 안정된 유대관계를 형성하려면 일정 수준의 노력과 실천이 필요합니다. 사회적 기술이 아무리 뛰어나도 관계의 의미나 가치가 부족한 상태에서 기술적으로만 관계를 맺으면 피상적인 수준에 머물 수밖에 없습니다. 존중과 신뢰, 사랑과 배려, 헌신과 책임감 등 관계의 중요한 가치를 지닌다 해도 이를 표현하고 실천하는 구체적인 행동이 따르지 않는다면 가치 있는 삶을 만들어가기 어렵습니다.

다른 사람에게
의미 있는 사람이 되려면

인간관계에서 의미를 찾게 되면 행복감을 느끼고 삶의 질이 향상됩니다. 우리에게는 누구나 주변 사람에게 중요한 사람이 되고 싶고 존중받고 싶은 마음이 있습니다. 그러나 관계에서 느끼는 불편함에만 초점을 두면 조금만 갈등이 생겨도 견디지 못하게 되고, 다른 사람의 결점을 찾아내 불만을 표출하면서 갈등이 반복될 것입니다.

상대방의 부족한 면만 보거나 문제점만 찾다 보면 어떤 관계에서든 만족도가 낮아질 수밖에 없습니다. 반면 다른 사람의 좋은 면을 발견하고 장점을 찾아보려 노력한다면 누구와 있어도 만족도가 커질 것입니다. 그러니 내 마음의 불편함이 어디에서 비롯된 것인지 먼저 잘 살펴봐야 합니다.

"긍정적인 시선을 갖는 것은 마음의 창을 여는 일입니다.
그 창을 통해 들어오는 빛은 우리의 관계를 따뜻하게 해줄 것입니다."

너로 인해, 나로 인해

외로움을 달래는
'자기수용' 연습

인간관계에서 느끼는 친밀함은 행복에 큰 영향을 미칩니다. 우리는 가까운 사람과 사소한 일상을 나누며 심리적 안정감을 느끼고, 공감 어린 한 마디에 상처가 치유되기도 합니다. 이는 우리에게 내재된 수용욕구가 충족되기 때문입니다. 중요한 사람들로부터 수용적인 경험을 하면 긍정적인 자기 이미지와 자기신뢰가 증진됩니다.

반대로 비수용적인 환경에 놓이면 부정적인 자기인식과 부정적인 감정을 자주 느끼게 됩니다. 이 경우 수용욕구의 결핍을 타인을 통해서 채우고자 하는 마음이 커질 수 있습니다. 정서적인 허기를 채우기 위한 내면의 소망은 주변 사람들에게 의존하거나 집착하는 행동으로 나타나기도 합니다.

인간관계에서 수용받고자 하는 욕구가 높은 사람은 대체로 타인의 말과 행동에 민감합니다. 그러면 관계 속에서 사소한 자극에도 스트레스를 자주 느끼게 됩니다. 이런 상황에서 새로운 스트레스를 겪게 되면 누적효과로 인해 정서적 각성이 더욱 증진됩니다. 이는 심리적 회복을 더디게 만드는 요인이 됩니다. 타인에게 수용받고자 하는 욕구가 지나치면 타인의 말과 행동에 매우 민감해질 수 있습니다. 이로 인해 관계 속에서 불안, 긴장, 슬픔, 외로움을 자주 느끼게 됩니다. 마음속으로는 안정적인 관계를 원하지만, 실제로는 만족감이 낮아질 수 있습니다. 기대와는 달리 역효과가 나타나는 것이죠.

**수용받고자 하는 욕구는
잘못된 것이 아닙니다.**

수용받고 싶다는 마음은 지극히 정상적인 것이며, 관계를 맺는 데 중요한 요소입니다. 하지만 이 욕구를 자기 중심적으로 채우려 하면 갈등이 생길 수 있습니다. 수용적인 관계는 상호적인 교감을 통해야만 깊어집니다. 다른 사람의 관심과 돌봄을 원한다면 먼저 상대를 받아들이고 인정하는 연습이 필요합니다. 최근에 상대와의 갈등이 자주 일어난다면 그 사람의 태도 중 수용하기 어려운 부분을 기꺼이 인정해보도록 합니다.

내 기준에서 수용할 수 없다 싶은 부분이 있더라도 그것을 능동적으로 받아들이는 연습을 합니다. 수용능력을 키우기 위해 한 주 혹은 하루 동안이라도 타인의 행동에서 감내하지 못했던 부분을 '기꺼이 수용하겠어'라는 마음가짐으로 마음을 활짝 열어보세요. 그러면 오히려 자신의 마음이 편해지고 작은 일에도 반응하지 않게 될 것입니다. 수용은 중요한 관계기술 중 하나입니다. 수용치가 커지면 관계에서의 불편함도 줄어듭니다. 스스로 마음의 문을 열어놓았을 때 더 편안하게 모든 일을 맞이할 수 있습니다. 행복과 평화는 내 마음에서 비롯되는 것이니까요.

항상 존재하는 수용욕구는 어떻게 해결해야 할까요? 타인에게 수용받고 싶은 마음은 매우 보편적인 욕구입니다. 하지만 이 욕구를 잘 조절하는 것이 중요합니다. 이를 위해서는 수용욕구를 스스로 채우는 연습이 필요합니다. 항상 가족이나 친구, 주변 사람들이 대신해줄 수는 없으니까요. 이 욕구는 내 안에서 일어나는 마음이니 스스로 돌보아야 합니다. 그래야 타인에게 의지하지 않게 됩니다.

'자기수용(self-Acceptance)'이 부족하면 타인에게 바라는 기대가 커집니다. 그리고 괴로워집니다.

'왜 그 사람은 내 마음을 알아주지 않을까?'
'왜 난 사랑받지 못할까?'
'날 이해하는 사람이 없을까?'

이럴 때 중요한 점은 이 감정을 스스로 돌보아야 한다는 것입니다. 그렇지 않으면 관계에서 심리적인 만족감이 낮아질 수 있습니다.

'자기수용'은
특별한 일이 아닙니다.

다른 사람에게 듣고 싶은 위로의 말을 스스로에게 건네고, 자신의 장점을 찾아 격려하며, 지친 날에는 자신을 응원하는 것만으로도 충분합니다. 얼마 전 한 내담자께서 "자기수용을 꾸준히 연습하다 보니 타인의 행동에 영향을 덜 받게 됐어요"라고 하셨습니다. 또한 "수용연습을 하면서 상대방에 대한 너그러움도 커졌어요"라고 말했습니다. 그동안 수용받고 싶은 욕구로 마음이 힘들었다면 이제는 스스로 수용적인 사람이 되어 편안하게 관계를 맺게 된 것입니다.

수용능력을 키우려면 능동적인 마음의 태도가 중요합니다. 내 마음이든 상대방의 행동이든 적극적으로 인정하고 받아들이려는 노력을 시작해보세요.

"자기수용은 자신의 영혼을 따뜻하게 감싸안는 것입니다.
마음의 문을 여는 그 순간, 진정한 평화와 사랑을 마주하게 될 것입니다."

너의 말이 내게 가시가 돼

> 남의 말에 상처입은
> 나를 돌보기

우리는 다른 사람의 말에 신경을 쓰며, 때론 상처를 받습니다. 특히 의미 있는 사람이나 가깝게 여긴 사람의 말로 인한 상처는 오래도록 마음에 남습니다. 때론 평소에는 타인의 말에 무신경하지만 유독 특정한 사람의 말에 감정적인 상태가 될 수도 있습니다. 따라서 '다른 사람의 말에 상처를 많이 받는지, 친밀하다고 여기면 사소한 말에도 힘겨워지는지, 특정한 사람의 말에만 감정이 상하는지' 잘 살펴볼 필요가 있습니다. 상처입은 감정에는 이유가 있을 테니까요. 그리고 그 이유가 일상에서 반복될 수 있기에 내 내면에 대한 검토가 필요합니다.

다른 사람의 말에 상처를 자주 받는 이유에는 여러 가지가 있습니다. 첫째, 자존감이 낮아서 타인의 평가에 민감하게 반응합니다. 예를 들어, 자존감이 낮은 사람은 "너는 왜 항상 그렇게 느려?"라는 말을 들었을 때 그 말을 자신의 전체 인격에 대한 비판으로 받아들여 큰 상처를 받습니다.

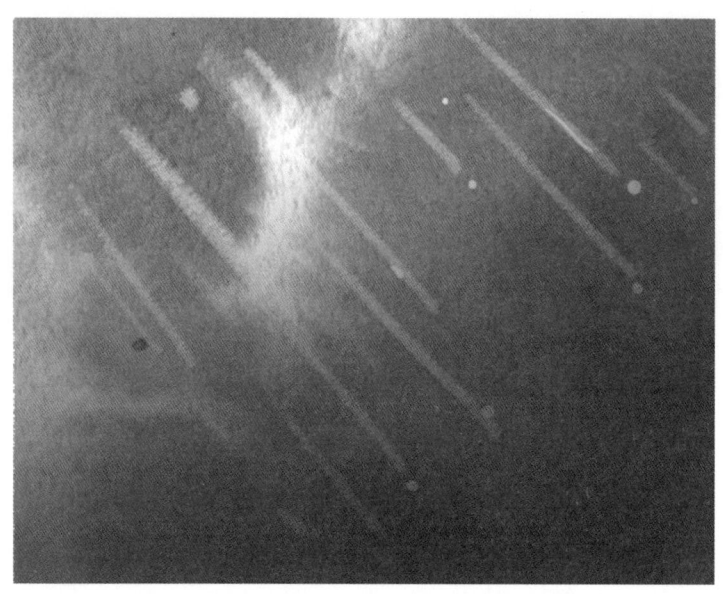

둘째, 다른 사람의 의견을 지나치게 중요하게 생각합니다. 이런 사람은 "그 옷은 별로야"라는 말을 들었을 때 그 말을 외모나 스타일 전체에 대한 부정적인 평가로 받아들여 크게 상처를 받습니다.

셋째, 과거의 부정적인 경험이 현재의 반응에 영향을 미칩니다. 예를 들어, 과거에 "넌 정말 쓸모없어"라는 말을 자주 들었던 사람은 그와 비슷한 말을 들으면 과거의 상처가 다시 떠오르면서 큰 상처를 받습니다.

넷째, 대인관계에서 완벽을 추구하려는 경향이 있습니다. 이런 사람은 "너는 왜 항상 모든 걸 잘하려고 해?"라는 말을 들으면 자신의 노력이 인정받지 못했다고 느끼고 상처를 받습니다.

다섯째, 감정조절이 어려워 작은 말에도 크게 반응합니다. "오늘 좀 피곤해 보여"라는 말을 듣게 되면 그 말을 자신의 건강상태, 나아가 외모에 대한 비판으로 받아들이고는 상처를 받습니다.

원인은 밖에 있더라도
해답은 내 안에 있어요.

타인의 말에 상처를 잘 받는다면 자신의 유형을 살펴서 원인과 대처방법을 마련해봅니다. 세 가지 유형을 기준으로 상대방의 말에 상처받을 때 어떻게 대처해야 할지 살펴보겠습니다.

Type 1

"난 다른 사람의 말에 자주 상처받아요."

다른 사람의 말을 너무 신경 쓰지 않는지 생각해봅니다. 사람들의 한마디 한 마디를 너무 깊게 생각하고 지나치게 의미를 부여하고 있지는 않나요? 상대방의 말보다는 내가 그 말에 덧붙이는 생각들을 점검해보세요. 자존감이 낮아져 있을 때는 다른 사람의 말에 흔들리기 쉽습니다. 그 사람이 정말로 나에게 중요한 사람인지, 그 말에 흔들릴 가치가 있는지 고민해보세요. 스스로가 더 소중하다는 것을 기억하고, 다른 사람들의 말에 자신을 내맡기지 않도록 합니다.

Type 2

"난 친밀하다고 생각한 사람들의 말에 상처받아요."

그 사람과 왜 친밀한 관계인지 다시 생각해봅니다. 그 사람이 왜 나에게 중요한지, 그 사람의 말에 왜 상처를 받는지 이해해보세요. 상황이 계속되면 상대방에게 솔직하게 감정을 표현해봅니다. 친밀한 관계라면 그 사람에게 솔직하게 내 감정을 이야기하고, 상처받았다는 사실을 솔직히 표현하는 것이 중요합니다. 그랬는데도 그 사람과의 관계에서 거듭해서 상처를 받는다면 관계 자체를 재정립하는 것이 필요할 수 있습니다. 서로의 기대와 경계를 다시 설정하면 상처를 줄이고 자신을 지킬 수 있습니다.

Type 3

"난 오직 한 사람의 말에만 마음이 흔들려요."

평소 특정한 한 사람의 말에만 휘둘린다면 그 이유를 살펴봅니다. 그 사람의 말이 나에게 어떤 영향을 미치는지, 왜 그 사람의 말에 특히 마음이 흔들리는지 생각해보세요. 상대방에 대한 기대나 심리적 의존, 애정욕구나 인정욕구가 원인일 수 있습니다. 자신의 중심을 세우고, 그 사람과의 관계에서 균형을 유지하려고 노력하세요. 그 사람에게만 의존하지 않고, 자존감을 유지하는 연습이 필요합니다.

타인의 말에 상처를 받는 것은 누구나 겪을 수 있는 일입니다. 하지만 자신의 유형을 파악하고 적절한 대처방법을 찾는다면 마음의 상처를 줄이고, 나아가 더 건강한 관계를 맺을 수 있을 것입니다. 자신을 더 소중히 여기고, 타인의 말에 휘둘리지 않는 자신감을 키워나가 보세요.

"상처받는 것은 피할 수 없지만, 나를 사랑하는 선택은 스스로 할 수 있습니다. 스스로의 빛을 찾아가세요."

내면을
더욱 단단하게

최근

자존감을 지키기

어려웠던 상황을 떠올려 보세요.

눈을 감고

그 상황에서 일어난 일들을

이미지로 그려보세요.

오고 간 말을 떠올리거나

당시의 분위기, 장소, 주변의 느낌 등을

느껴보세요.

이제,
양손으로 자신의 어깨를 감싸안아 주세요.
지금 느껴지는 마음속 감정을
있는 그대로 헤아려 주세요.
두 손의 온기를 느끼며
자신에게 말을 걸어주세요.
친절하게 따뜻한 음성으로 다가가세요.

"괜찮아?"
"내가 어떻게 도와주면 될까?"

그 말이
자신의 가장 아픈 곳에
사랑의 에너지가 되어
흘러드는 것을 상상해보세요.

자존감 수준은 상황에 따라 달라질 수 있어요. 자존감을 지키기 어려운 날에는 '난 자존감이 낮아'라고 생각하는 대신 나에게 다가가 내 마음을 먼저 헤아려 주세요. '자기존중'은 내 마음의 소리를 듣고 내 곁에 함께 있는 순간 시작되거든요.

혼술도 당당하게

타인에 대한
의존성에서 벗어나기

의존과 애착은 인간관계에서 흔히 느끼는 감정입니다. 친밀한 대상에게 의존하고 싶은 마음은 자연스러운 일입니다. 하지만 그 정도가 지나치면 관계갈등의 원인이 될 수 있습니다. 심리적으로 의존이 클수록 자기 주도성과 독립성이 낮아지고, 결국 사소한 의사결정에도 어려움을 겪게 됩니다. 의존성 성격이 되는 것입니다.

의존성이 큰 사람은 자신에 대한 확신과 신뢰가 부족해서 타인의 승인이 있어야 안심하고, 책임을 두려워해서 중요한 선택도 타인에게 맡겨버립니다. 그런데 지나친 의존행동은 불안을 키우고, 자신감을 더욱 떨어뜨립니다. 상대방도 힘들기는 마찬가지입니다. 반복되는 상황에 부담을 느끼게 되니까요. 마치 부모가 된 듯한 역할 혼란이나 회의를 느끼게 되고, 결국 관계 자체에 의구심을 갖게 될 수도 있습니다.

의존성이 큰 사람들은 혼자서는 감당할 수 없을 것이라며 크게 두려워합니다. 독립적으로 살아가기에는 나약한 존재라고 생각해서 다양한 상황에서 다른 사람에게 지지와 보호를 받고자 합니다. 돌봄을 받고 싶은 욕구를 조절하지 못하는 것도 의존성을 높이는 중요한 요인입니다. 관계가 끝나는 것에 대한 두려움이 커서 상대방에게 순응하려고만 합니다. 만약 의존대상이 통제욕구가 큰 사람이라면 의존성은 더욱 강화되고, 그들의 관계는 심리적 지배관계로 발전될 수 있습니다.

**애정은 아름답지만
의존은 상처가 됩니다.**

의존 성향이 높은 사람은 자기 의견을 제시하는 데 어려움을 겪습니다. 이들은 거절이나 버림받는 것에 대한 두려움이 깊이 내재되어 있어서 상대방이 틀렸다고 생각해도 쉽게 동의해버리는 등 반대의견을 제시하지 못합니다. 또한 자신감이 낮고 스스로를 나약한 사람으로 여기는 경향이 있어서 상대방에게 의견과 결정을 통해 확신을 얻으려 합니다. 심지어 인생의 중요한 결정도 스스로 하지 못하고 상대에게 맡겨버리고 맙니다. 그렇게 되면 나 아닌 타인에 의해 내 삶이 흘러가게 됩니다.

또 의존 성향이 높은 사람은 돌봄을 받아야만 안정이 되기 때문에 자신을 연약한 모습으로 나타내어 지지와 보호를 유도하려는 경향이 있습니다. 잦은 신체적 호소를 통해 상대방의 관심을 끌기도 하는데, 이러한 행동은 점점 강화될 수 있습니다. 의존대상과의 관계가 끊어지면 깊은 좌절감과 불안을 느끼며, 이를 방지하기 위해 순종적이고 헌신적인 태도를 유지합니다. 그러다 실제로 이별하게 되면 곧바로 또다른 의존 대상을 찾아 새로운 관계를 시작하곤 합니다.

의존성이 높은 사람들은 '나는 의지가 약해', '혼자서는 잘 헤쳐나갈 수 없어', '나는 문제해결을 잘 못해'와 같은 부정적인 자기신념을 가진 경우가 많습니다. 이런 신념은 사소한 일에서도 결정에 대한 두려움을 만드는 원인이 됩니다. 또한 이들은 의존과 독립에 대해 흑백논리적 사고를 하는 경우가 많습니다. 삶의 문제를 이분법적으로 판단하다 보니 독립적으로 혼자 살아가는 것에 대한 두려움이 결국 의존적인 삶을 선택하게 만듭니다. 독립적인 삶이 두려우니 다른 사람에게 의존하거나 보살핌을 받을 수밖에 없다고 생각하는 것입니다.

**둘도 아름답지만
하나도 아름답습니다.**

타인 의존성에서 벗어나리면 자율성을 찾기 위한 노력이 필요합니다. 자율성은 타인과 독립적으로 행동하면서도 친밀한 관계를 유지하는 것을 의미합니다. 이를 위해 주변 사람들과의 관계에서 자기 효능감을 느낄 수 있는 작은 선택을 조금씩 늘려나갑니다. 주체적인 의사결정 능력을 키우기 위해 해야 할 행동을 목록으로 만들어 계획한 후 낮은 단계부터 실천해봅니다.

관계 속에서 의존적인 모습을 바꾸려면 실제행동이 중요합니다. 만약 걱정과 두려움이 커진다면 자율성이 필요한 이유를 떠올리며 행동을 촉진합니다. 예를 들어, '도저히 할 수 없을 것 같아'라는 생각이 들면

'하나씩 하다 보면 혼자서도 해낼 수 있을 거야', '나를 믿고 좋아하는 걸 선택해보자. 난 그럴 자격이 있어'라고 생각해보세요. 또한 자신이 했던 일 중에서 자율성과 효능감을 느꼈던 순간들을 떠올려 보고, 그때와 같은 활동을 늘려나갑니다.

일상에서도 독립적인 활동을 계획해서 실천해봅니다. 예를 들어, 혼자 쇼핑몰 가기, 도서관에서 원하는 자리에 앉기, 그림 배우기, 여행지 결정하기, 직업이나 거주지 결정하기 등 점진적으로 행동을 변화시켜 봅니다. 그리고 다양한 활동을 시도하며 각각의 도전마다 자신을 격려하고, 이러한 경험을 통해 배운 점을 기록해둡니다. 자기기록은 동기부여에 도움이 되고 자신을 이해하는 중요한 전환점이 될 것입니다.

"관계 속에서 자기 자신을 잃지 않을 때
우리는 서로를 자유롭게 날게 하면서도 함께하는 힘을 갖게 됩니다.
자율성은 관계의 깊이를 더하는 열쇠임을 잊지 마세요."

대지가 비를 받아들이듯

가족갈등을 다루는
7가지 해결방법

**당신은 당신의 가족에게
얼마나 친절하신가요?**

우리는 흔히 인간관계라고 하면 연인이나 친구, 동료와 같은 가까운 사람들을 떠올립니다. 그러다 보니 이들과의 사회적 관계에는 신경을 쓰지만, 가장 중요한 일차적 사회적 관계인 가족 간의 상호작용에는 무심한 경우가 많습니다. 바깥에서는 조심하는 말투와 행동이 가족 안에서는 여과 없이 날것 그대로 드러나며, 내면의 욕구와 기대도 고스란히 표현됩니다. 가족은 그야말로 일차적 감정이 오고 가는 가장 역동적인 관계인 셈입니다. 그래서 가장 가까워야 할 가족이 서로에게 깊은 상처를 주는 경우가 많습니다. 어찌 보면 가장 어려운 인간관계가 가족일지도 모릅니다.

가족 안에서 일어나는 다양한 의사소통과 관계 맺는 방식은 가족원의 내면 성장과 관계 유연성에 큰 영향을 미칩니다. 그렇기에 효과적인 상호작용을 위한 대처방법을 잘 갖출 필요가 있습니다. 이제 그 해법을 소개합니다.

가족 간이라도
당연한 건 없습니다.

가족 간의 의사소통에서 가장 큰 방해물은 '당위적 사고'입니다. 예를 들어, '부모는 ~ 해야 한다', '자녀는 ~ 해야 한다'와 같은 고정된 생각에 사로잡혀 있으면 의미 있는 대화를 나누기 어렵습니다. 가족과 대화할 때에도 다른 사람들과 대화할 때처럼 신경 쓰고 배려한다면 더 가까워질 수 있습니다. 내 안에 있는 당연하게 여기는 생각들을 잘 살펴보고, 그런 틀에서 벗어나 보세요. 그러면 가족과 더 소중하고 의미 있는 시간을 보낼 수 있을 것입니다.

가족갈등에
제3자는 필요없습니다.

가족 구성원 간에 갈등이 발생할 때 직접 소통하여 문제를 해결하기보다는 제3자를 끌어들여 삼각관계를 만드는 경우가 있습니다. 이는 문제를 더욱 키우고 불화를 초래할 수 있습니다. 예를 들어, 남편과 갈등을 겪는 아내가 직접 남편과 문제를 해결하지 않고 자녀에게 감정을 토로하며 위안을 받으려 하는 경우입니다. 아내는 자녀에게 점차 과도하게 의지하게 되고, 그 과정에서 자녀는 심리적인 불안정과 정서적인 독립에 어려움을 겪을 수 있습니다. 갈등이 생겼을 때 정서적 불편감을 피하려고 최소한의 상호작용만 유지한 채 대화를 회피하는 경우도 있습니다. 이 경우 서로에 대한 오해가 깊어질 수 있습니다. 상황을 직면하며 감정을 진솔하게 '나 메시지'로 표현해보세요. 이때는 나의 마음만 전하고 어떤 요구나 간섭은 하지 않도록 합니다.

내 마음이 전해져?

가족 간에도 좋은 대화를 나누려면 노력이 필요합니다. 갈등을 단번에 해결하려고 하지 말고, 대화하는 동안 이전의 주제를 반복하거나 상대를 부정하는 말 습관을 주의해야 합니다. 새로운 상호작용을 시도하는 동안에는 결과보다는 과정을 중요시하는 자세가 필요합니다. 갈등의 정도에 따라 시간이 필요할 수 있음을 유념하세요.

**절대적인 규칙은
올가미가 됩니다.**

가족 내에는 여러 크고 작은 규칙들이 있습니다. 규칙을 정할 때는 서로 충분히 의논하여 결정해야 합니다. 의견이 상이할 때는 절충적인 수준에서 규칙을 정하고, 정한 규칙을 지키기 어려운 경우에는 대안적인 방법을 찾아야 합니다. 다만 가족규칙을 엄격하게만 적용하면 갈등이 커질 수 있습니다. 가족규칙의 유연성이 부족하면 규칙이 가족을 옭아매는 상황이 될 수 있으므로 주의가 필요합니다.

**공감 없는 대안은
갈등을 해결하지 못합니다.**

가족이라고 해서 성격이 같은 건 아닙니다. 의견을 나누거나 상황을 극복하기 위한 피드백을 할 때는 구성원의 성격에 맞는 방식으로 도움을 주는 것이 중요합니다. 정서적인 공감에서 위안을 얻는 사람이 있는 반면, 문제해결을 위한 구체적인 방법이 제시될 때 심리적 안정을 찾는 사람도 있으니까요. 물론 가장 효율적인 방법은 먼저 정서적 공감을 나눈 후에 해결을 위한 방법이나 대안을 제시하는 것입니다. 하지만 정서적 공감에만 치우치면 상황을 더욱 부정적으로 보기 쉽고, 문제해결에만 집중하면 심리적 치유가 더디게 될 수 있습니다. 공감 어린 말이 어렵게 느껴진다면 주변 사람들의 말을 잘 살펴서 힌트를 얻어보세요. 가족에게 친절한 말이 어색하다면 자신의 마음을 알아차리고, 의미 있는 선택을 늘려나가 보세요.

가치관의 차이는
당연한 것입니다.

가족 구성원 간에 가치관의 차이가 나는 경우 잦은 갈등으로 이어집니다. 특히 부모와 자녀 세대 간의 가치관 충돌이 빈번합니다. 서로의 가치관을 얼마나 존중하는가는 건강한 가족관계를 유지하는 데 있어서 매우 중요한 요소입니다. 다양한 가치관을 인정할 때 존중이 시작되기 때문입니다. 가족이라면 서로의 가치관을 이해하고 수용하며, 자신의 가치관을 자유롭게 표현할 수 있어야 합니다. 내 가족을 보며 '왜 저런 생각을 할까?', '왜 저렇게 생각하지?'라고 하기보다 '나는 왜 이 생각에 붙들릴까?', '왜 나는 받아들이지 못하지?' 하고 되짚어봅니다. 자신의 가치관이 관계에 도움이 되는지 효율적인지 다시금 살펴보세요.

**가장 가까워도
가족이 바로 나는 아닙니다.**

가족 간에 지나치게 밀착되어 있거나 지나치게 분화되어 있는 것도 문제입니다. 지나치게 밀착되어 있으면 과도한 의존이나 집착을 유발할 수 있고, 개별적 자아의 발달과 성장이 어려울 수 있습니다. 반대로 가족 간의 분화가 심하여 경계선이 명확한 경우에는 친밀하고 지지적이어야 하는 가족기능이 손상되어 구성원의 심리적 성장이 억제될 수 있습니다. 각 구성원이 독립성을 지키면서도 상호 간 지지적인 관계를 균형 있게 유지할 때 사회적 관계에서도 유사한 유연성을 발휘할 수 있습니다.

좋은 점을 나누고
진심으로 독려하고

가족 구성원 간에 문제점에 초점을 두기보다는 서로에게 배울 점을 발견해보세요. 좋은 면에 주의를 기울이며 이를 촉진하는 대화를 나누도록 합니다. 약점을 수용하고 장점을 찾아 '성격 강점'이 되도록 돕는다면 자존감도 자신감도 커질 것입니다. 행복한 가족일수록 서로의 좋은 면에 반응하며 따뜻한 교감을 나눕니다. 의도적으로 주의를 기울이며 애정 어린 관심으로 행복을 만들어나가도록 합니다.

가족 간에도 사회적 기술과 사소한 배려를 습관으로 만드는 노력이 필요합니다. 새로운 상호작용을 만들 수 있을지 걱정된다면 그 마음을 잘 헤아려 보세요. 기꺼이 가족과의 특별한 시간을 갖기 위한 의미 있는 선택을 늘려나가 보세요.

"가족 간의 이해는 마치 비를 받아들이는 대지와 같고,
서로 간의 사랑은 그 비가 꽃으로 피어나는 것과 같아요.
서로에 대한 존중은 강한 비바람 속에서도 영혼을 어루만지는 힘으로 작용하죠."

몸과 마음에
미소의 에너지를 가득히

눈을 감고
몇 차례 호흡하세요.
호흡하는 동안
들숨과
날숨의 느낌이나
감각에 주의를 두고
그대로 느껴보도록 해요.

이제
몸의 긴장을 내려놓고
입가에 미소를 지어보세요.
미소의 에너지가
얼굴과 몸 전체로
퍼져나가는 것을 상상해보세요.

그리고

미소 짓고 있는

자신의 모습도 떠올려 보세요.

또한

내 몸 전체가

미소 짓고 있다고 상상해보세요.

나의 미소가

내 몸 가득히 퍼지고,

공간 전체로

퍼져나간다고 생각해보세요.

미소를 통한 마음챙김은 긍정적인 감정을 촉진하고 스트레스를 줄이며, 몸과 마음을 이완시켜 줍니다. 미소는 뇌에서 엔도르핀과 세로토닌 같은 행복 호르몬의 분비를 만들어 기분을 좋게 하는데요, 하루에 여러 번 자신을 위해 미소를 지어보세요.

거울을 보듯 너를

친구관계를
잘 맺기 위한 마음습관

지치면 누군가에게 마음을 편히 털어놓고 싶어집니다. 이때 먼저 떠오르는 사람이 바로 친구가 아닌가 싶습니다. 가까운 친구에게는 평소 잘 꺼내지 못하는 깊은 생각이나 감정을 말할 수 있을 것 같아서 쉽게 속마음을 드러냅니다. 그런데 친구라는 이유로 상대방에 대한 배려 없이 자기 중심적으로 관계를 맺거나 그래도 된다고 여기면 갈등이 쌓여 그 관계가 파국으로 이어지기도 합니다.

**친구라도
마냥 괜찮지만은 않습니다.**

우리는 친구라고 하면 '편안한', '가까운', '이해하는' 관계로 생각합니다. 그래서 다른 사회적 관계에서는 조심할 태도나 행동을 여과 없이 하거나, 친구의 감정이나 상황을 고려치 않은 채 내 감정을 쏟아내곤 합니다. 그러나 이런 정서적 표출이 반복되면 관계가 아무리 돈독해도 오래 유지하기 어렵습니다. 오히려 '친구니까 참고, 친구니까 말한다'고

편히 생각한 탓에 그 소중한 관계를 지켜내지 못하는 경우가 생기곤 합니다. 그렇다면 서로에게 좋은 친구가 되려면 어떻게 해야 할까요? 특히 가까운 친구일수록 상대방을 존중하고 배려하는 마음이 필요할 텐데요. 이제, 친구관계를 잘 유지하기 위한 몇 가지 마음가짐에 대해 살펴보겠습니다.

감정의 균형을 유지하라
가까운 사이일수록 편하게 마음을 나누는 것이 좋지만, 감정이 지나치지 않도록 신경 써야 합니다. 어떤 일이나 경험에 대해 이야기할 때 과도한 표현이나 극적인 감정에 자주 빠지게 되면 상대방은 정신적인 피로감을 느끼기 쉽습니다. 만일 "그 친구와 이야기하고 나면 너무 지친다"라는 상황이 반복된다면 한 사람은 늘 말하고 다른 사람은 늘 들어주는 일방적인 관계일 가능성이 높습니다.

만약 특정한 친구를 떠올릴 때 만나는 것이 부담되거나 만난 후 정신적인 소진이 크다면 자신의 태도와 반응이 이 관계에 도움이 되는지 생각해봐야 합니다. 가까운 사이일수록 듣고 말하는 소통의 균형이 이루어져야 편한 관계가 될 수 있습니다.

'의존성'과 '구원자' 역할에 주의하라
친구에게 마음을 터놓으면 당장 문제가 해결되지 않더라도 마음이 편해지기도 하고, 친구의 위로나 격려를 받으면 심리적인 안정감을 얻기도 합니다. 그런데 친구에 대한 심리적인 의존성이 커지면 자신의 감정을 스스로 돌보는 데 어려움이 생깁니다. 나아가 정신적인 지지나 공감을 바라는 마음이 클수록 친구관계가 아닌 돌봄을 받는 관계로 고착되기 쉽습니다.

반대로 친구관계에서 내가 구원자 역할을 반복해서 하는 경우도 있습니다. '이상하게 친구들이 나에게 의존한다. 자주 기대는 것 같아 버겁다'라는 생각이 든다면 친구의 태도보다는 자신의 욕구를 잘 살펴보도록 합니다. '구원자' 역할을 하며 '상대방에게 중요한 존재이고 싶은' 내면의 욕구가 자리하고 있는 것은 아닌지 검토해봅니다. 이러한 욕구가 클수록 돌봐주는 상황이 반복될 수 있으니 친구와 자신 간의 관계에서 균형을 잘 맞춰가도록 합니다.

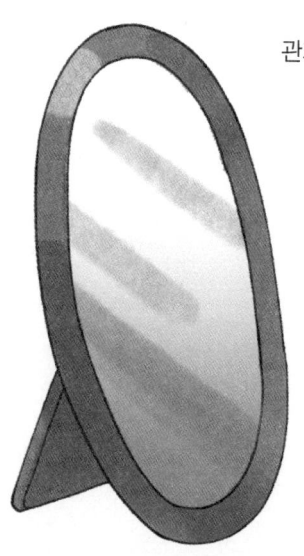

관계 속에서 의미를 발견하라

친구와 시간을 보내는 동안의 일들을 무심히 흘려보내기보다는 좋았던 순간이나 즐거웠거나 배려를 받았던 순간을 떠올리며 긍정적인 의미를 부여해봅니다. 의미를 발견하는 일은 스스로 만들어내는 것입니다. 이런 노력을 통해 사소하고 평범했던 순간이 소중한 시간, 행복한 추억으로 기억될 것입니다.

"~ 할 때 참 편했어."
"역시 ~ 해서 좋았어."
"늘 ~ 한 점이 남다른 친구야."
"오늘 ~ 해서 참 고마웠어."

의미를 되새기는 습관은 좋은 순간을 더 깊게 만들어 관계 만족감을 증진시킵니다.

친구관계에 대한 비합리적 신념을 탐색하라

친구관계에서 갈등이 잦아서 서운한 마음이 크게 든다면 불편한 감정이 들 때 어떤 생각들이 자동적으로 떠오르는지 살펴봅니다. 별일 아닌 일도 크게 생각하고 있지는 않은지, 혹은 서운한 감정들 중에 '이 친구가 내 맘을 잘 몰라주는구나'라는 생각이 자리하고 있는지 관찰합니다. 가까운 관계이다 보니 서운함도 크고 속상할 때는 더욱 감정이 깊어질 수 있습니다. 내 생각은 감정에 따라 이리저리 커질 수가 있고, 그러다 보면 소통은 어려워지고 자칫 서먹한 관계로 남을 수도 있으니까요.

또한 친구에 대한 생각 중에서 '당위적 사고'가 있는지 살펴봅니다. 친구관계에서 당연시하는 생각이 습관이 되면 예외상황 시 마음이 힘겨워집니다. 당연하게 여기는 관계신념의 예로는 '친구니까 나를 이해해 주어야 한다', '친구란 서로 힘든 일을 나눌 수 있어야 한다', '친구니까 모든 걸 솔직하게 이야기해도 된다'라는 생각이 있습니다.

그런데 이런 신념은 습관이 되어 있어서 스스로 인식하지 못하는 경우가 많습니다. 이에 친구와의 일로 마음이 상할 때는 그 상황에서 자동적으로 일어난 생각을 찾아 기록해보고, 부정적인 내용이나 극단적인 생각을 수정합니다. 친구가 보인 반응보다는 나의 생각을 관찰하는 연습을 하면 특정한 생각에 치우치지 않는 마음을 키울 수 있습니다.

평소 자주 안부를 물어라

평소에는 잘 연락하지 않다가 힘든 일이 생길 때만 친구를 찾는다면 친구와의 관계가 정서적인 의존관계로 치우칠 수 있습니다. 평소에도 친구의 안부를 묻고 여러 상황을 살피는 관계를 만들어야 친밀함을 유지할 수 있습니다.

만일 '친하니까 언제든 내 마음을 받아주겠지'라는 생각에 상대방의 안부에 관심을 두지 않는다면 친구관계에 대한 관계가치를 다시 생각해 볼 필요가 있겠습니다. 상대방은 '그 친구는 필요할 때만 연락하는 것

같다'고 여겨서 당신과의 관계에 관해 다시금 생각할 수 있으니까요. 그러니 편하게 느낄수록, 가깝게 여길수록 관심을 기울이는 마음과 사려 깊은 행동이 필요합니다.

친구관계 가치를 수립하라
친구관계에서 중요하게 여기는 가치를 생각해보고, 그에 맞는 행동을 늘려나가도록 합니다. 이렇게 하면 갈등상황에서도 감정적으로 대응하지 않고 중심을 잘 잡을 수 있습니다. '배려'를 중시한다면 친구가 좋아하는 장소나 음식을 선택하고, '믿음'을 중시한다면 솔직하게 감정을 표현하고 작은 약속도 잘 지키는 행동을 꾸준히 해나가는 것입니다.

가치는 관계를 이끌어가는 '나침반'입니다. 감정적인 순간에도 관계가치를 떠올리면 감정에 흔들리지 않고 가치에 맞는 행동을 할 수 있습니다. 또한 어떤 행동을 하기 전에 '지금 내가 하려는 행동이 내가 생각하는 친구관계 가치에 맞는가?'를 스스로에게 물어보는 것도 좋습니다. 이러한 질문은 관계를 안정적으로 유지하는 데 도움을 줍니다.

친구관계를 원만하게 이끌어나가기 위한 마음가짐에 대해 살펴보았습니다. 가까울수록, 친밀할수록 나의 태도와 마음을 잘 살펴보고 필요한 노력을 기울여야 친구관계가 깊어진다는 점을 유념해야겠습니다.

*"진정한 친구는 서로의 가치를 존중하며, 마음의 문을 열어주는 거울과 같아요.
그 거울 속에서 우리는 진정한 자신을 발견할 수 있죠.
나의 거울은 지금 무엇을 담아내고 있나요?"*

사람들 속에서 나만 바보 같아

불편하고 어색한
인간관계를 극복하는 법

**낯선 것이 싫고
새로운 관계가 두렵나요?**

우리는 살면서 불편한 사회적 상황을 피하고 싶을 때가 있습니다. 그러나 이런 상황에서 불안과 걱정이 자주 든다면 이는 회피성 성격과 관련이 있을 수 있습니다. 마음으로는 가깝게 지내고 싶지만, 관계에서 느끼는 불안과 위축감으로 인해 다가가지 못하는 상황이 반복된다면 회피적인 경향이 강한 성격을 지녔다고 볼 수 있습니다.

회피성 성격을 가진 사람들은 낯선 사람과의 만남에서 크게 긴장합니다. 익숙한 관계에서도 상대방을 지나치게 의식해 대체로 소극적인 태도를 보입니다. 이런 사람일수록 평소 인간관계에서 불안을 자주 느끼고, 사회적응에 어려움을 겪습니다. 친밀한 관계를 원하지만, 스스로를 관계에서 잘 대처하지 못하는 사람으로 여겨 자신감도 낮습니다. 그래서 관계를 피하거나 소수의 관계망 속에 지내는 경우가 많습니다.

회피행동의 원인에는 사회적 기술 부족도 있지만, 자신에 대한 부정적인 인식이 크게 작용합니다.

'사람들이 날 이상하게 보지 않을까?'
'사람들과 가까워지면 날 좋아하지 않게 될 텐데….'
'사람들이 날 싫어하면 어떡하지?'
'날 좋아할 리 없어.'

부정적 인식에 사로잡혀 있는 사람은 매사에 직면하기 어려워하고, 결국에는 자신의 생각이나 감정을 차단해버리곤 합니다. 이는 평소 자신의 속마음을 표현하는 데 어려움을 느끼는 성격적 특징에서 비롯되기도 하지만, 자기를 드러내거나 내면의 감정을 노출하는 것에 대한 염려도 함께 작용합니다. 내면적으로는 애정과 수용, 우정에 대한 갈망이 있지만, 가까운 관계에 대한 두려움 때문에 실제로는 관계에서 멀어지는 악순환이 반복됩니다. 이는 다른 사람들에게 '진짜 자기(real self)'를 보여주면 상대방이 불편해하거나 거부할 것이라고 여기기 때문입니다.

다가오는 사람을
어떻게 대해야 할지 모르겠나요?

회피성 성격을 보이는 경우 다른 사람에게 먼저 접근해서 관계를 시작하는 것에 대한 두려움과 자신에게 다가오는 타인에게 어떻게 반응해야 할지에 대한 염려가 큽니다. 평소 불편한 감정을 잘 견디지 못하기 때문에 부정적인 생각이 들면 상황을 피하며 통제하는 방식을 선택합니다. 나아가 자신에게 매력이 없으며 사회적인 기술이나 능력이 취약하다고 여겨 대인관계 상황에서 쉽게 위축되곤 합니다. 특히 다른 사람 앞에서 당황하는 모습을 보일까 봐 두려워하며, 이 때문에 새로운 활동이나 여러 사람과 함께하는 활동에는 관여하지 않으려 합니다. 또한 자신이 한 행동이 그 상황에서 적절했는가를 늘 의심하며 남들의 반응을 민감하게 받아들입니다.

내일이 두렵고
모든 것이 내 탓 같나요?

대개 기질적으로 수줍고 억제적인 경향이 있으면 어린 시절부터 낯선 사람과 새로운 상황을 두려워합니다. 또한 미래에 일어날 일이나 앞으로 해야 할 일에서 부정적인 결과가 예상될 때 교감신경계의 과도한 활성화가 원인이 되기도 합니다. 나아가 아동기나 청소년기에 주변 관계에서 겪은 거부나 거절의 상처가 관계에 대한 두려움의 원인이 됩니다.

인지적으로는 자기비판적인 경향이 강하며, 특히 사회적 상황에서 '사람들이 나를 바보 같다고 생각할 거야', '나는 매력이 없어', '그들은 나를 싫어할 거야'와 같은 부정적인 사고를 자동적으로 떠올리고 이를 사실처럼 받아들입니다.

'인지적 오류'란 일상에서 발생하는 사건이나 상황을 부정적으로 해석하는 다양한 유형의 논리적 오류를 말합니다. 이는 잘못된 사고패턴으로 인해 현실을 왜곡하여 받아들이는 것을 의미합니다.

> **대표적인 인지적 오류**
>
> **이분법적 사고 (All or Nothing Thinking)**
> 타인이 분명한 호의를 보이지 않으면 거부나 비난으로 해석하는 경향
>
> **의미축소와 의미확대 (Minimization and Maximization)**
> 타인의 긍정적인 반응은 무시하고 부정적인 말은 크게 확대해석하는 경향
>
> **정신적 여과 (Mental Filtering)**
> 부정적인 말과 행동에만 주의를 기울이는 경향

회피에서 벗어나기 위한 방법

회피행동의 심리적 원인을 이해하려면 먼저 과거 발달과정에서 겪은 경험들을 돌아보아야 합니다. 성장기에 가족으로부터 수치심을 느끼거나 수용받지 못했던 경험이 반복되었는지 살펴보는 것이 중요합니다.

이때 현재의 내가 과거의 나를 어떻게 바라보며 이해하는가에 따라 동정과 슬픔에서 벗어나 너른 자비와 사랑으로 자신을 돌봐줄 수 있습니다. 자신을 애정으로 따뜻하게 감싸안을 때 내면의 아픔이 치유될 수 있음을 잊지 말아야 합니다. 또한 사회적 상황에 대한 불안을 조절하고 회피행동을 극복하기 위해 구체적인 방법을 익히는 것이 필요합니다.

높은 수준의 불안과 긴장을 스스로 조절할 수 있도록 평소에 긴장이완이나 복식호흡 연습을 자주 합니다. 특히 긴장되는 사회적 상황 전에는 이완훈련과 함께 긴장을 낮추는 말을 하며 안정을 취해봅니다.

"나는 차분하게 잘 해낼 수 있어."
"실수해도 괜찮아."
"좋은 경험이 될 거야."
"해보는 거야."

이때 불안을 완전히 없애려 하기보다는 현재 상황에 맞게 불안을 낮추는 것에 초점을 둡니다. 대부분의 사람들이 느끼는 정도의 긴장 수준을 허락할 수 있어야 감내능력이 커지고, 불안이나 긴장에 대한 두려움을 극복할 수 있습니다.

나아가 다양한 사회적 상황에 대한 점진적인 노출을 시도해봅니다. 낮은 단계부터 시작하여 점차 단계를 높이며 다양한 상황을 마주해봅니다. 걱정하는 상황을 실제로 직면해보아야 내 생각과 다르다는 것을 경험할 수 있으며, 이러한 경험이 자신감을 키우는 데 도움을 줍니다. 또한 우리가 불안해하는 일은 실제로 일어나지 않는 경우가 훨씬 더 많다는 것을 경험을 통해 확인할 수 있습니다. 불안은 걱정에서 비롯됩니다. 가급적 생각을 낙관적으로 하며 상황을 직면해나갑니다.

만일 늘 부정적인 일이 일어날 것으로 확신한다면 주로 부정적인 단서에만 몰두하지 않는지 되돌아보아야 합니다. 인간관계에서 느낀 다양한 경험들을 고르게 인식하고, 좋은 경험을 더 늘리기 위해 노력하며, 힘든 일에서는 지혜를 얻어갑니다. 이를 통해 관계 속에서 성장하는 자신을 발견할 수 있습니다.

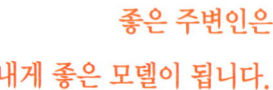

좋은 주변인은 내게 좋은 모델이 됩니다.

대인관계 상황에서 유연하게 대처할 수 있는 기술을 배우는 것은 관계 효능감을 높이는 데 도움이 됩니다. 처음에는 주변 사람들 중 상호작용이 좋은 사람을 관찰하며 그대로 따라 해봅니다. 모델링은 좋은 태도와 습관을 형성하는 데 유익합니다. 또한 평소 닮고 싶은 사람이 있다면 그 사람이 어떻게 말하고 행동하는지 주의 깊게 살펴보고, 실제 대화 시 자신이 그 사람이 된 듯한 느낌으로 말해봅니다. 평소 대화 시 관찰자의 시선으로 상대방의 말과 행동을 바라보는 연습을 하는 것도 좋습니다. 대개 다른 사람들이 나를 보고 있다는 '평가불안(Test Anxiety)'으로 인해 긴장하게 되지만, 이를 극복하기 위해 자신이 관찰자의 입장에서 상황을 바라보는 연습을 해봅니다.

나를 바꾸고
삶을 변화시킬 수 있는 사람은
오직 나 자신뿐입니다.

조금씩 노력하다 보면 어느새 기대하는 변화가 일어날 것입니다. 스스로를 믿고 관계 속에서 느끼는 불안과 불편함을 극복할 수 있는 새로운 경험을 만들어나가 봅시다.

"자신을 가두는 벽을 허물고 새로운 경험을 향해 나아가세요.
관계 속에서 성장하는 자신을 발견하게 될 거예요."

어제가 오는 사랑을 막을 때

애착 유형별 연인관계
특징과 해결법

외로운가요?

사람들은 오랜 시간 혼자 지내면 외로움을 느끼게 됩니다. 이는 누구나 느끼는 실존적인 감정이지만, 기질이나 과거 경험에 따라 외로움을 더 크게 느낄 수 있습니다. 특히 친밀한 관계에서 갑작스러운 거절이나 거부를 당했거나 배신감이나 실망감을 느낀 경험이 있다면 이후 새로운 관계에서의 작은 거절신호에도 민감해질 수 있습니다.

우리의 뇌는 사소한 거절의 신호에도 민감하게 반응하는 경향이 있습니다. 사회심리학자 킵 윌리엄스(Kip Williams)와 동료들은 소외감에 관한 연구를 진행했습니다. 실험에서는 3명이 그룹을 이루어 컴퓨터 스크린을 통해 사이버볼 게임을 했습니다. 처음에는 세 사람이 정해진 횟수만큼 서로에게 게임볼을 주고받게 조건을 설정했고, 두 번째 게임에서는 사전에 협의한 두 사람이 의도적으로 한 사람에게 볼을 주지 않는 상황을 연출했습니다.

게임이 진행되는 동안 한 사람은 다른 두 사람이 게임볼을 주고받는 것을 지켜볼 수밖에 없었는데요. 이 조건 아래 게임은 5분간 진행되었고 실험을 마친 후 소외된 한 사람에게 이 상황이 사전에 연출되었음을 설명했습니다. 그런데도 낯선 사람들에게 따돌려진 5분간의 경험은 해당 참가자에게 깊은 소외감을 느끼게 했습니다.

게임볼 실험에서처럼 인간이 소외된 경험을 하게 되면 뇌의 전대상피질 활동이 증가합니다. 이 영역은 우리 몸의 뼈가 부러졌을 때 느끼는 신체적 고통 속에서도 활성화되는데요, 거절을 암시하는 상황에서도 신체적 고통과 같은 뇌 반응이 일어납니다. 즉, 소외감이나 외로움과 같은 감정이 인간의 고통에 큰 영향을 준다고 볼 수 있겠습니다.

초기 아동기에 주 양육자와의 관계에서 형성되는 애착경험은 연인관계를 포함해 이후 개인이 형성하는 친밀한 관계에 큰 영향을 미칩니다. 발달심리학자인 메리 에인스워스(Mary Ainsworth)는 초기 애착관계를 조사하기 위해 '낯선 상황 실험'을 개발하여 애착이 아이에게 심리적 안정감을 준다는 것을 입증했습니다. 그리고 세 가지 애착유형을 제시했는데, 이는 안정애착, 불안-양가 애착, 회피애착으로 구분됩니다.

'안정애착' 유형의 아이는 실험상황에서 어머니가 자리를 비운 후 낯선 사람이 방에 들어올 때 불편함을 느끼지만, 어머니가 돌아오면 곧 안심하고 장난감을 가지고 놉니다. '불안-양가 애착' 유형의 아이는 어머니가 방을 떠날 때 울고 저항하는데, 돌아왔을 때도 분노와 저항을 보이며 쉽게 안정을 찾지 못합니다. 이런 아동의 부모는 때로는 무관심했다가 과도하게 관여하는 양육태도를 보이는 것으로 나타났습니다.

반면 '회피애착' 유형의 아이는 어머니와 함께 있을 때도 애정을 보이지 않으며, 어머니가 방을 나갔다가 돌아왔을 때도 외면하거나 회피하는 모습을 보입니다. 이런 아동의 부모는 아이가 안정과 친밀감을 요구할 때 거절하거나 피하는 경향을 보였습니다.

아동기의 애착경험이
지금의 연인관계를 만듭니다.

양육자와의 애착이 아동기의 심리적 안정에 중요한 만큼 연인과의 안정된 애착은 건강한 사회적 관계에서 중요한 요소입니다. 그런데 애착 이론가들은 아동기 애착경험이 '관계에 대한 내적 작동모델(Working Mdels of Relationships)'을 형성한다고 강조합니다. 이는 친밀한 관계에 대한 가치를 형성하고, 타인을 신뢰하며 안정감을 느끼는 정도를 의미합니다. 이런 관계에서의 가치나 태도는 연인관계에서 보이는 일정한 사고와 행동에 그대로 반영됩니다.

안정애착을 형성한 성인들은 연인이 관심과 위안을 필요로 할 때 곁에서 함께하며 의미 있는 관계를 유지합니다. 불안-양가 애착 유형을 보이는 사람들은 자신에 대해 부정적인 인식이나 태도를 보이며, 쉽게 사랑에 빠지지만 이내 불안해하며 관계에서 지속적인 두려움을 나타냅니다. 그래서 연인이 자신에게 주는 관심의 정도에 만족하지 못하며, 연인의 욕구를 수용하고 반응하기보다는 자신의 욕구에 따라 애정을 줍니다. 회피애착 유형의 사람들은 사랑이 지속된다고 생각하지 않으며, 연인에 대한 관심이나 신뢰가 부족합니다. 이들은 정서적으로 거리감을 드러내며 연인의 관심이나 친밀함을 무시하는 경향을 보입니다.

물론 애착유형은 고정적인 것이 아닙니다. 어릴 때 안정애착을 형성했다고 해도 사회적 관계에서 여러 번 배신이나 상실을 경험하면 관계에서 두려움을 느낄 수 있습니다. 반대로 불안정하거나 회피애착 유형도 스스로 변화를 위해 노력하면 관계 속에서 안정감과 지지를 충분히 느낄 수 있습니다. 실제로 애착유형의 변화를 살핀 여러 연구에 따르면 각각의 유형이 정형화되지 않는다는 것을 잘 보여줍니다. 주목할 점은 불안-양가 애착 유형이나 회피애착 유형에서의 변화입니다. 양육자와 애착형성에 문제가 있었다고 해서 모두 관계문제가 나타나는 것은 아닙니다. 오히려 누군가는 아동기의 애착문제를 극복하기 위해 연인이나 배우자에게 각별하게 신경을 쓰며 안정적인 관계를 만들려고 노력하기도 합니다.

애착관계의 변화를 위해서는 환경적인 개선도 필요하지만, 개인의 관계태도를 이해하고 반복적으로 나타나는 관계습관을 바꾸려는 노력이 중요합니다. 현재의 관계에서 나타나는 불안정한 모습이나 양가감정에 대한 변화를 시도하지 않으면 같은 상황이 반복될 수 있습니다. 과거의 시간 속에 자신을 가두기보다는 따뜻한 마음으로 수용하고, 현재의 관계를 어떻게 맺어가면 좋을지 생각해보며 자신만의 의미 있는 관계를 만들어나가도록 합니다.

"과거의 상처는 우리를 아프게 할 수 있지만,
현재의 사랑은 우리를 일으켜 세웁니다. 자신을 사랑하는 법을 배우고,
그 사랑을 통해 자신만의 예쁜 정원을 가꾸어나가세요."

나를 나로 볼 때

질투심을 다루기 위한
대처방법

질투심은 자신을 다른 사람과 비교할 때 자주 발생하는 감정입니다. 우리는 관계 속에서 다른 사람을 통해 나를 발전시키기도 하지만, 때론 위축되거나 열등감에 빠지기도 합니다. 질투심을 적절히 다루지 못하면 결국 감정에 끌려다니게 됩니다. 이런 감정을 다루는 데는 여러 가지 방법이 있는데, 심리학적으로는 다음과 같은 전략들을 사용해볼 수 있습니다.

자기인식의 향상
- 나를 이해하면 자유로워집니다.

자신이 언제, 왜, 그리고 누구와 비교하게 되는지 파악하는 것이 중요합니다. 이를 통해 자신의 감정을 이해하고, 부정적인 패턴을 인식합니다. 자기인식을 향상시키는 것은 자신의 감정, 생각, 행동 패턴 등을 이해하는 과정입니다. 이를 통해 자신의 강점과 약점을 인지하고, 자신이 어떤 상황에서 어떻게 반응하는지 이해하는 것이 중요합니다. 다음은 이를 위한 구체적인 전략들입니다.

- 일기 쓰기 : 자신의 생각과 감정을 정리하기 위한 좋은 방법이다. 매일 자신이 느낀 감정, 생각, 경험 등을 적어본다. 자신의 감정패턴이나 반응을 파악할 수 있다.

- 명상 : 스스로와 대화하고 내면의 생각과 감정을 탐색하는 데 도움이 된다. 명상은 마음을 진정시키고, 현재 순간에 집중하도록 돕는다.

- 피드백 요청 : 주변 사람들에게 자신에 대한 피드백을 요청하는 것도 좋다. 다른 사람들은 우리가 자신을 보는 방식과는 다른 시각을 가지고 있기 때문에 그들의 피드백은 우리 자신을 이해하는 데 도움이 된다.

- 자기관찰 : 하루를 마무리하며 그날의 행동, 생각, 감정 등을 돌아보는 시간을 갖는다. 자신이 어떤 상황에서 어떻게 반응했는지, 왜 그런 반응을 보였는지 이해하는 데 도움이 된다.

자기수용
- 있는 그대로의 나를 사랑하세요.

자신을 그대로 인정하고 받아들이는 것이 중요합니다. 자신의 장점과 약점을 모두 인정하고, 이를 통해 자신을 있는 그대로 존중하고 사랑하는 연습을 합니다. 다음은 이를 위한 구체적인 전략들입니다.

- 자신을 비난하지 않기 : 실수를 했을 때나 실패했을 때 자신을 강하게 비난하는 것은 자기수용을 방해한다. 대신 그런 상황에서도 자신의 감정과 욕구를 따뜻하게 이해하고 용서하는 태도를 갖는다.

- 긍정적 자기대화 : 자신에게 친절하게 말하는 연습을 해본다. 자신을 비난하거나 부정적으로 이야기하는 대신 칭찬하거나 격려하는 말을 선택한다. 긍정적인 자기대화는 자신에게 친절한 태도를 갖는다는 의미로서 스스로에 대한 자신감을 높이고, 긍정적인 자기인식을 얻는 데 도움이 된다.

"나는 노력하는 사람이고, 그 노력이 결국 좋은 결과를 가져올 거야."
"나는 완벽하지 않아도 괜찮아. 모든 사람들이 장점과 단점을 가지고 있어."
"실패는 성장의 일부야. 나는 이 실패에서 배워나갈 거야."
"나는 이 도전을 해낼 수 있어. 나는 이전에도 많은 도전을 극복해왔어."
"나는 자신을 사랑하고, 내 자신의 가치를 인정해."
"나는 내 감정을 인정하고, 나는 감정보다 더 큰 존재야."
"나는 내가 가진 능력을 믿어. 나는 이 문제를 해결할 수 있어."

자신을 향한 긍정적인 말은 나 자신의 의지를 북돋고, 자신의 능력과 가치를 인정하는 것을 돕습니다. 이런 문장들을 자신의 상황에 맞게 바꿔 사용해도 좋습니다.

긍정적인 생각
- 적극적인 나를 만들어줍니다.

자신에 대한 부정적인 생각을 긍정적인 생각으로 전환하는 연습을 합니다. 부정적인 생각은 불안과 무기력을 증대시키고 용기를 잃게 만듭니다. 이를 극복하기 위해 자신의 장점을 떠올리거나 성취한 일들을 되새겨보세요. 긍정적인 생각은 자신감을 높이고, 타인의 열정적인 모습이나 적극적인 태도에 위축되지 않도록 도와줍니다.

- **감사의 마음 갖기** : 자신의 삶에서 감사할 수 있는 것들에 집중한다. 매일 아침이나 저녁에 감사할 수 있는 세 가지 요소를 찾아서 적어본다.

- **부정적인 생각에 도전하기** : 부정적인 생각이 들 때 그것이 사실인지, 그리고 그 생각이 도움이 되는지 자신에게 되물어본다. 이를 통해 부정적인 생각의 패턴이 커지지 않도록 한다.

- **긍정적인 사람들과 함께하기** : 긍정적인 사람들과 함께하는 것은 긍정적인 에너지를 받고, 긍정적인 생각을 키우는 데 도움이 된다.

- 인정하기 : 질투를 느끼는 대상을 인정하고, 그 사람으로부터 배울 점을 찾아 자신의 태도와 행동으로 만들기 위해 노력한다. 질투의 감정을 어떻게 다루느냐에 따라 행동이 억제될 수도 있고, 더 큰 도약의 동력이 될 수도 있다.

목표설정
– 나만의 목표는 앞으로 나아가게 합니다.

자신만의 목표를 설정하고, 이를 향해 노력하는 것이 중요합니다. 이는 누구와도 비교하지 않고, 자신만의 길을 가는 데 도움이 됩니다. 목표설정은 개인적으로나 직업적 성장을 위해서도 중요한 단계입니다.

다음은 목표를 설정하고 이루기 위해 노력할 때 고려해야만 하는 것들입니다.

- 체계적인 목표설정 : 목표는 구체적으로 계획하고, 달성 가능성을 평가하며, 실현 가능한 요인들을 구축하고, 시간을 정해 꾸준히 진행한다.

- 자신의 가치와 목표가 일치하는지 확인 : 자신의 가치와 일치하지 않는 목표는 달성하기 어렵다. 자신이 중요하게 생각하는 것이 무엇인지 파악하고, 그것을 반영한 목표를 설정한다.

- **작은 목표부터 시작** : 큰 목표를 한 번에 달성하려고 하면 주춤하게 될 수 있다. 큰 목표를 작은 목표로 나누고, 하나씩 달성해나간다.

- **진척상황 기록** : 목표를 향한 진척상황을 기록하면 동기를 유지하고 목표달성에 대한 확신을 높일 수 있다.

- **유연성 유지** : 항상 유연성을 잃지 않도록 한다. 상황이 바뀌면 목표도 조정할 필요가 있다. 목표를 고정된 것으로 보지 말고, 필요에 따라 변경할 수 있는 가이드라인으로 본다.

- **자기 자신을 향한 칭찬** : 작은 성취라도 자신을 칭찬한다. 이는 더 큰 목표를 향해 나아갈 동기가 된다. 스스로를 칭찬하는 것은 지속적인 노력과 싱징을 촉진하는 데 중요한 역할을 한다.

휴식과 관리
- **몸에도 마음에도 여유가 필요합니다.**

스트레스나 불안감을 줄이기 위해 충분한 휴식과 자기관리가 필요합니다. 이는 질투심을 다루는 데 중요한 역할을 합니다. 자기관리란 개인이 스스로의 신체적, 정신적, 감정적 건강을 유지하고 향상시키기 위한 활동을 의미합니다. 이는 스트레스 관리, 휴식, 영양, 운동, 타인과의 관계, 취미 등 여러 가지 요소를 포함합니다.

다음은 자기관리의 주요 부분들에 대한 설명입니다.

- 신체적 자기관리 : 이는 건강한 식사, 꾸준한 운동, 충분한 수면 등을 포함한다. 이러한 활동들은 신체적 건강을 유지하고 에너지 수준을 높인다.

- 정신적 자기관리 : 명상, 목표설정, 긍정적인 사고, 학습 등을 포함한다. 이러한 활동들은 정신력을 키우고 스트레스를 관리하는 데 도움이 된다.

- 감정적 자기관리 : 감정을 인정하고 표현하는 것, 스트레스를 줄이는 기술(깊은 숨쉬기, 이완기법 등)을 사용하는 것, 긍정적인 관계를 유지하는 것 등을 포함한다. 이러한 활동들은 감정적 안정을 돕는다.

- 사회적 자기관리 : 건강한 인간관계를 유지하고, 사회적 활동에 참여하며, 필요한 경우에는 지원을 받는 것 등을 포함한다. 이러한 활동들은 사회적 연결성을 높이고, 외로움을 줄인다.

자기관리는 개인의 삶의 질을 향상시키고, 스트레스와 불안을 줄이는 데 중요한 역할을 합니다. 그러나 적합한 자기관리 방법은 사람마다 각각 다릅니다. 따라서 각자에게 가장 도움이 되는 방법을 찾는 것이 중요합니다.

"다른 사람의 성공이 당신의 실패를 의미하는 것은 아니에요.

당신만의 속도로,

당신만의 방식으로

빛을 만들어봐요.

당신이 해왔던 노력들은 어딘가로 사라지는 것이 아니니까요."

몰입의 힘을
내 것으로

눈을 감고
내면에 집중하세요.
이때
눈을 감으면서
눈꺼풀이 눈에 닿는 느낌을 알아차립니다.

편안한 마음으로
숨을 깊게 들이마시고
내쉽니다.
숨을 들이마실 때는
복부가 팽창하고
내쉴 때는 수축되는
자연스런 몸의 감각을 느껴봅니다.

숨을 들이마실 때와 내쉴 때의
숨의 느낌과 감각에 주의를 기울입니다.
가슴이 올라가고 내려가는 느낌,
공기가
코나 입으로 들어오고 나가는 숨결의 리듬을
가만히
주의 깊게 관찰해봅니다.

이때
숨이 들어갈 때 '하나'
되돌아 나올 때 '둘'이라고
마음으로 읊조려 봅니다.

마음이 다른 방향으로 흘러갈 때마다
항상 주의를
숨 쉬는 현재 순간으로 되돌리세요.

현재 순간에 주의를 기울이며 생각, 감정, 신체감각 및 주변 환경을 있는 그대로 알아차리는 연습도 필요합니다. 하나의 대상에 주의를 집중하며 대상의 특성을 알아차리는 동안 심리적 안정과 진정이 커지죠. 몰입과 집중을 돕는 명상으로 순간에 머무는 힘을 키워보세요.

상처받고 싶지 않아

거부 민감성을
극복하는 방법

거부 민감성이란 대인관계 상황에서 타인의 말과 행동을 거절이나 거부의 신호로 과잉지각하는 반응 경향성을 말합니다. 대개는 기질적인 민감성과 과거 중요한 대상에게 거부당한 경험이나 배제된 경험 등이 원인으로 작용합니다. 이런 이유로 '다른 사람에게 상처받고 싶지 않다'는 마음이 신념으로 형성되고, 이는 다른 사람과의 관계에서 상대방의 반응과 태도의 작은 변화에도 비효율적으로 대응하는 또 다른 자극이 됩니다.

'저 사람이 나를 피하는 것 같아.'
'사람들이 나를 좋아하지 않는 듯해.'
'내가 말을 꺼내면 거절당할 것 같아.'

거부 민감성은 이런 부정적인 추론이나 가정에 의해 일어납니다. 이러한 생각은 순식간에 기분에 영향을 주고 방어적인 태도를 취하게 만듭니다. 특히 거부 민감성이 높은 사람들은 상대방의 거절의사를 그 자체로 수용하기보다는 '내가 마음에 안 들었나?' 또는 '내가 싫어서 거절하는구나'라는 식으로 생각하는 경향이 있습니다. 자신이 전부 부정당했다고 오해하는 것입니다. 그러다 보니 상대방의 의도를 객관적으로 보지 못하고 주관적으로 추론하여 부정적인 해석에 갇히는 일이 잦으며, 상황에 맞지 않는 과잉대응을 보입니다.

사소한 말을 평가로 받아들이고 있지 않나요?

아동기를 학대나 무관심 속에서 보낸 경우 상대방이 자신을 수용하는지 아닌지에 특히 민감합니다. 이런 사람은 타인이 자신을 대하는 방식에 신경을 쓰며 작은 단서에도 상처를 입거나 심리적인 고립감을 느낍니다. 작은 충돌이라도 있으면 그야말로 사소한 의견차일 뿐인데도 상대방이 자신에게 등을 돌린 것으로 심각하게 받아들입니다.

또 타인의 행동이나 말을 자신에 대한 평가로 받아들입니다. 도움이 될 만한 조언도 자신을 부정하는 것으로 여겨 불편해하거나 서운해하는 것입니다. 더러는 그 과정에서 과잉방어를 하기도 합니다. 심지어는 공격적인 모습으로 저항하기도 합니다. 문제는 이런 모습이 다른 사람에게는 '공격'으로 비칠 수 있다는 것입니다. 결국 관계를 악화시키는 요인이 되곤 합니다.

**상처받고 싶지 않아
방어적으로**

이 모든 것은 거부에 대한 극심한 두려움과 상처받고 싶지 않다는 방어적 태도에서 비롯됩니다. 이들은 관계에서 지속적으로 불안함을 겪으며 자주 상대방의 애정과 관심을 확인하려 합니다. 상대방의 말과 행동 모든 부분에서 '거절' 혹은 '버림받음'과 관련된 단서를 찾으려 합니다. 심지어 '이 상황은 거절 혹은 배척당한 상황이야'라는, 자신만의 유사진실을 만들어 사실로 믿어버리기도 합니다.

거부 민감성은 사소한 문제도 확대해석해 갈등을 악화시키는 원인이 됩니다. 감정조절에 실패하고 상대방에게 과잉행동을 할 수도 있기 때문입니다. 물론 인간관계에서 기대와 다른 상황이 생기면 기분이 언짢을 수 있습니다. 그러나 그 상황을 '거부'로 받아들인다면 갈등이 해결되지 않습니다. 건강하고 긍정적인 인간관계를 맺고자 한다면 상대방의 성향과 상황을 이해하는 계기로 삼고, 상대방의 표현을 자신과 연관 지어 생각하는 사고를 개선하며, 유연하게 반응하는 태도를 키워나가야 합니다.

**거절이 곧
거부는 아니에요.**

상황이 똑같다고 해서 모두가 똑같은 감정으로 대응하지는 않습니다. 그러니 나 자신의 반응태도를 잘 인식할 필요가 있습니다. 평소 일정한 시간을 내어 '자기탐색'을 해봅니다. 거부로 느껴졌던 상황을 겪는 동안 느낀 감정을 차분하게 관찰하고, 현재의 삶에 그 감정이 어떠한 영향을 주는지 살펴봅니다. 다만 감정을 관찰하는 동안 과거의 기억에 빠져 자신을 측은하게 여기거나 동정하며 슬픔에 빠지지 않도록 주의해야 합니다. 자신이 그간 보였던 감정을 공감하며 따뜻하게 감싸안을 때 현재의 감정에서 자유로워질 수 있습니다.

거부 민감성을 일으키는 이유와 자신의 감정을 이해하게 되었다고 해서 단번에 일상의 관계를 맺는 방식이 달라지지는 않습니다. 그러니 자신에게 여유를 주고 천천히 새로운 방식으로 관계를 맺어보세요. 자신이 이제 어떻게 해야 하는지 알고 있는 것이 중요합니다. 깨달은 것을 조금씩 행동으로 옮기면 평소 원했던 관계의 가치나 소망에 다시 연결될 수 있을 것입니다.

> "다른 사람이 당신을 받아들이지 않아도 그것은 단지 그들의 선택일 뿐입니다.
> 당신의 가치는
> 타인의 판단에 의해 결정되는 것이 아니라는 점을 잊지 마세요."

사랑해야지, 소유하려 말고

가스라이팅(Gaslighting)의
특징과 대처방법

가스라이팅(Gaslighting)은 상황을 조작하여 상대가 자신을 믿지 못하게 만드는 일종의 심리적 지배를 의미합니다. 이 용어는 연극 〈가스등〉에서 유래했으며, 1944년 잉그리드 버그만 주연의 동명영화로 더욱 알려졌습니다. 영화에서 남편 그레고리는 아내 폴라의 유산을 빼앗기 위해 교묘하게 상황을 조작해서 폴라가 스스로 정신적으로 문제가 있다고 믿게 만듭니다. 영화 속 그레고리처럼 '가스라이터'들은 상황을 자신에게 유리하게 만들어 상대방이 자신을 믿고 따르게 만듭니다.

가스라이팅의 문제는 상대를 위한다고 주장하지만 실제로는 요구와 통제 때문에 심리적 고통을 남긴다는 점입니다. 이들 가스라이터들은 상대방이 자신의 힘과 중요성을 무너뜨린다고 느낄 때 공격적인 태도를 취합니다. 이러한 이유로 다른 대안을 마련하기도, 문제를 효율적으로 처리하기도 어렵습니다. 병리적 자기애를 보이는 사람들은 가족, 직장, 연인, 친구 관계 등 어디서든 나타날 수 있습니다.

가스라이팅의 가장 큰 피해는 평소 신뢰하던 관계에서 심리적 지배가 시작된다는 점입니다. 가스라이터들은 병리적인 자기애 상태에 빠져 소유하고 통제할 수 있는 대상을 찾는 순간 교묘하게 지배적인 관계를 형성해나갑니다.

병리적 자기애와 가스라이팅

'자기애'라는 말은 그리스신화에 나오는 나르키소스(Narcissus)에서 유래했습니다. 나르키소스는 물에 비친 자신의 모습에 매료되어 사랑에 빠졌고, 결국 그 자리에 뿌리를 내려 수선화가 되었다고 전해집니다. 나르키소스처럼 과도하게 자신에게 몰두하는, '병리적 자기애'에 빠진 사람들에게는 자신의 특성과 능력을 과장되게 지각하는 특징이 있습니다.

    나는 남들과 다르다.
    나는 특별한 대우를 받아야 한다.
    모든 사람들은 나를 존중해야만 한다.
    특별한 사람들만이 나를 이해할 수 있다.

병리적 자기애에 빠진 나르시시스트는 이처럼 비합리적 신념을 지닙니다. 문제는 자기 중심적이고 과장된 이들의 자기상이 좌절이나 실망에 분노로 대응한다는 것입니다. 또 자기 우월성을 유지하기 위해 대인관계에서 착취적인 행동을 보입니다. 이들은 다른 사람들이 자신에게 특별한 호의를 무조건적으로 베풀어주기를 원하며, 상대를 교묘하게 이용하여 자기애적 욕구를 충족합니다. 이들에게 주변 사람들은 자기애적 환상을 채워주는 대상일 뿐입니다. 나르시시스트의 역기능적 관계패턴을 인식하기 어려운 이유는 반복되는 '가스라이팅'의 영향이 큽니다.

가스라이팅의 심각성은 상대방이 마치 자신을 위해주고 있다는 착각을 일으키는 데 있습니다. 나르시시스트는 상대방에게 끊임없이 정신적 구속과 학대를 하면서도 '다 널 위해서 그러는 거야'라는 상징적인 메시지를 보내며 폭력을 정당화합니다. 그래서 심리적 의존이 커진 상태에서는 마음의 고통을 느끼면서도 관계에서 벗어나는 일이 쉽지 않습니다.

나르시시스트와 공존하는
플라잉 몽키

나르시시스트의 정교한 행동 중 하나는 자신은 모든 상황에서 물러나 있으면서 주변의 대리인을 통해 희생자를 조정하는 것입니다. 이때 나르시시스트의 대리인 역할을 하는 사람을 '플라잉 몽키(Flying Monkey)'라고 합니다. '플라잉 몽키'라는 용어는 1939년 영화 〈오즈의 마법사〉에서 사악한 서쪽마녀가 주인공들을 괴롭히는 데 이용한 날개 달린 원숭이에서 유래했습니다.

플라잉 몽키는 주변의 가까운 사람인 경우가 많습니다. 이들은 피해자에게 다가와 나르시시스트에게 기회를 더 주어야 한다고 말하며 죄책감이나 동정심을 자극합니다. 나르시시스트가 보낸 전령일 수도 있지만, 반드시 그런 것만은 아닙니다. 플라잉 몽키는 피해자를 설득하며 이렇게 말합니다.

"그 사람이 진심으로 한 말은 아닐 거야.
너도 사실 민감한 면이 있잖아."
"그 사람이 많이 화가 난 것 같더라.
너희 두 사람 잘 어울렸는데, 한 번 더 용서해줘."

플라잉 몽키는 자칫 선한 중재자로 보이기 쉽습니다. 그러나 가만히 보면 나르시시스트의 입장만을 대변하며, 피해자에게 상대를 이해하도록 은근히 종용합니다. 바로 2차피해가 시작되는 것입니다.

플라잉 몽키의 말을 듣다 보면 나르시시스트를 공감하게 되고, 점차 자신의 행동에 대한 후회나 자책이 일어나기 쉽습니다. 만일 누군가가 당신의 정신적 학대를 무시한 채 나르시시스트와의 관계회복을 조언한다면 그와 과감하게 심리적 거리를 두는 게 좋습니다. 이들은 진짜 당신을 알기 위해 노력하지 않을 테니까요.

**충분한 시간과 거리가
당신을 자유롭게 할 거예요.**

정신적 학대의 피해에서 벗어나기 위해서는 시간이 필요합니다. 그동안 나르시시스트는 주변 사람들에게 당신의 행동에 대한 불만을 토로하며 자신이 외려 희생자라고 떠들 수도 있습니다. 심지어 당신의 주변 사람들과 가깝게 지내며 당신이 빠져나가지 못하도록 울타리를 견고하게 둘러칠 수도 있습니다. 그러나 이는 전형적인 나르시시스트의 자기중심적인 행동이니 신경 쓰지 않아야 합니다. 그런 것에 신경 쓰느라 에너지를 소모하기보다는 모든 일에서 벗어나 내 삶을 회복하는 데 집중해야 합니다.

심리학자인 하인즈 코허트(Heinz Kohurt)는 나르시시스트를 '결정적 시점에 물과 햇빛이 부족해 성장을 멈춘 나무'에 비유했습니다. 이들의 학대와 착취적 관계를 이해하기 위해 시간을 소모하거나 관계를 회복하기 위해 헌신하기보다는 나 자신을 되찾을 방법을 찾는 것이 먼저 해야 할 일입니다. 고통스러운 관계에서 벗어나 심리적 회복을 얻기까지는 시간이 걸릴 수 있습니다. 하지만 치유를 하는 과정이야말로 자신을 향한 가치 있는 수고임을 잊지 말아야 합니다.

"온전히 자신만을 위한 공간을 늘려보세요. 가까운 이들과의 소통을 통해 유대감과 안전함을 느껴보세요. 당신 곁에 있는 사랑을 발견해보세요."

나를 위한, 나만의 이야기

타인과의 비교
모델링 효과 vs 그림자 효과

타인과의 비교는 인간의 본능적인 사회적 행동입니다. 우리는 사회적 동물로서 다른 사람들과의 상호작용을 통해 자신의 위치와 가치를 평가합니다. 이러한 비교는 자아존중감을 형성하는 데 중요한 역할을 하기도 하지만, 지나친 비교는 부정적인 감정을 유발할 수 있습니다. 특히 현대사회에서는 소셜미디어와 같은 플랫폼을 통해 타인의 삶을 쉽게 들여다볼 수 있기 때문에 비교가 더욱 빈번하게 일어납니다.

그런데 타인과의 비교는 자존감에 직접적인 영향을 미칩니다. 자존감은 자신에 대한 긍정적인 평가와 신뢰를 의미하는데, 이는 타인과의 비교를 통해 쉽게 흔들릴 수 있습니다. 예를 들어, 직장동료가 승진하거나 중요한 프로젝트를 성공시켰을 때 이를 비교하게 되면 자신이 뒤처졌다는 생각을 하게 될 수 있습니다. 또 '나는 저 사람만큼 능력이 없다'는 부정적인 생각이 자라면서 자존감이 낮아질 수 있습니다. 이러한 부정적인 자기평가가 반복되면 자신에 대한 신뢰가 감소하고, 이는 직장생활 전반에 부정적인 영향을 미칩니다.

또 다른 예로 소셜미디어를 통해 친구들이 여행을 다니거나 새로운 취미를 즐기는 사진을 보았을 때 자신의 삶이 상대적으로 지루하고 가치 없다고 느낄 수도 있습니다.

'나는 왜 저렇게 살지 못할까?'

이런 생각은 자존감을 떨어뜨립니다. 타인과 나를 비교하는 것은 나에 대한 부정적인 인식을 강화하고, 결국 우울감이나 불안감을 증가시키는 주요 원인이 될 수 있습니다.

당신은 나를 이끌어줄 사람
- 모델링 효과

모델링 효과(Modeling Effect)는 우리가 존경하거나 목표로 삼는 사람들을 본보기로 삼아 그들의 행동을 모방하는 현상으로 긍정적인 변화와 성장을 촉진할 수 있습니다. 예를 들어, 성공한 인물의 습관이나 사고방식을 따라 함으로써 그와 비슷한 성공을 이루고자 하는 것입니다. 모델링 효과로 얻을 수 있는 이점은 다음과 같은 것들이 있습니다.

- 동기부여 : 긍정적인 롤모델을 통해 목표를 설정하고, 이를 이루기 위해 노력하게 된다. 롤모델의 성공사례는 자신에게도 가능성이 있음을 보여주며, 더 큰 목표를 향해 나아가게 한다.

- **학습촉진** : 롤모델의 경험과 지식을 바탕으로 새로운 기술이나 지식을 습득할 수 있다. 이는 특히 전문적인 분야에서 중요한데, 롤모델의 방법을 따라 함으로써 보다 빠르고 효과적으로 학습할 수 있다.

- **자기개선** : 롤모델의 좋은 습관을 모방함으로써 자신의 생활방식을 개선할 수 있다. 건강한 라이프스타일을 유지하는 롤모델을 따라 운동습관을 들이거나, 시간관리 능력이 뛰어난 롤모델을 본받아 효율적으로 일정을 관리할 수 있다.

어둠 속에 숨어 나를 좀 먹는 생각
- 그림자 효과

반면 그림자 효과(Shadow Effect)는 타인과의 비교를 통해 자신을 낮게 평가하고, 열등감을 느끼며 부정적인 감정을 가지는 현상을 의미합니다. 이로 인해 자존감이 낮아지고, 우울감이나 불안감이 증가할 수 있습니다. 타인의 장점만을 부각하여 바라보는 경우 이러한 그림자 효과가 더욱 심화될 수 있습니다. 그림자 효과는 특히 소셜미디어 사용이 많아지면서 현대인들이 자주 겪는 문제 중 하나입니다. 그림자 효과의 단점은 다음과 같습니다.

- **자신감 저하** : 타인과의 비교로 인해 자신의 부족함만을 인식하게 되어 자신감이 낮아진다. 이는 개인의 삶에 전반적인 부정적인 영향을 미쳐 의욕저하나 자기비하로 이어질 수 있다.

- **부정적 감정 증가** : 열등감, 우울감, 불안감 등의 부정적인 감정이 증가한다. 이러한 감정들은 정신건강에 해로울 뿐만 아니라 일상생활에서의 기능을 저하시킬 수 있다.

- **성장 저해** : 지나친 비교로 인해 자신의 강점을 발견하지 못하고, 발전의 기회를 놓칠 수 있다. 이는 개인의 잠재력을 발휘하는 데 큰 장애물이 되며, 결국 성취감과 만족감을 감소시킨다.

타인과의 비교는 때로는 좋은 동기를 부여하고 그들의 행동을 참조하여 필요한 계획을 세우는 데 도움이 될 수 있습니다.
하지만 이러한 비교가 무력감이나 자기 패배감이나 열등감을 유발한다면 다음 방법들을 실천하여 습관적인 비교에서 벗어날 수 있습니다.

자기인식을 강화해요

자신의 강점과 약점을 객관적으로 파악하고, 자신만의 고유한 가치를 인식합니다. 정기적으로 자기성찰의 시간을 가지며, 자신의 성취와 경험을 기록하여 발전과정을 확인하는 것이 중요합니다. 자기인식은 자신감을 키우는 중요한 첫걸음입니다.

목표를 설정해요

타인과의 비교 대신 자신의 목표와 성취에 집중합니다. 구체적이고 현실적인 목표를 설정하고, 이를 단계별로 달성해나가는 과정에서 자신만의 성취감을 느낄 수 있습니다. 작은 목표들을 달성하면서 점차 큰 목표로 나아가며 자신만의 길을 개척해나가는 것이 중요합니다.

긍정적으로 사고해요

자신에 대한 긍정적인 사고를 유지하고, 작은 성취도 칭찬하며 자존감을 높입니다. 긍정적인 자기대화와 감사일기를 통해 긍정적인 마음가짐을 유지하는 것이 중요합니다. 매일 감사한 일을 세 가지씩 적어보는 것도 좋은 방법입니다.

소셜미디어 사용을 제한해요

소셜미디어를 통해 보게 되는 타인의 삶과 현재의 나를 비교하지 않도록 사용시간을 제한합니다. 소셜미디어를 제한하기가 어렵다면 자신에게 긍정적인 영향을 주는 콘텐츠만을 선택적으로 소비하는 것도 좋습니다. 이를 통해 타인의 삶과의 불필요한 비교를 줄이고, 나 자신의 삶에 집중할 수 있습니다.

'마음챙김' 연습을 해요
현재의 순간에 집중하고, 자신의 감정을 인식하고 수용하는 마음챙김 연습을 합니다. 이런 연습은 스트레스 감소와 감정조절에 도움이 되며, 자신을 있는 그대로 받아들이는 데 중요한 역할을 합니다. 매일 잠깐씩 명상이나 깊은 호흡을 통해 마음을 다스리는 시간을 갖도록 합니다.

타인과의 비교는 자연스러운 현상입니다. 그러나 모델링 효과를 통해 긍정적인 변화를 추구하고, 그림자 효과를 피하며 자신만의 길을 걸어가는 것이 중요합니다. 자신을 객관적으로 인식하고 긍정적인 목표를 설정할 때 우리는 타인과의 비교에서 벗어나 더 나은 자신을 발견할 수 있습니다. 타인과 비교하기보다는 자신만의 가치를 인정하고, 지속적으로 성장해나가는 것이 진정한 성공의 비결입니다.

"다른 사람의 성공은 당신에게 영감을 줄 수 있습니다.
하지만 그 성공의 그림자 속에 자신을 가두지 마세요.
당신만의 이야기를 써 내려가세요."

지금 이 순간에 머물기

천천히
앞으로 내딛으며
발과 다리의 신체감각이
변화하는 패턴을 알아차려 보세요.

오른쪽 발꿈치가
땅에 닿는 것에 주의를 집중하고
부드럽게 땅에 놓으면서
몸무게를
오른쪽 발에 옮기고
두 다리와 발의 신체감각이
변화하는 패턴을 알아차려 봅니다.

걸을 때 감각을 자각하는 것으로부터
마음이 벗어나는 것을 알아차렸을 때
발이 바닥에 닿는 느낌을
현재 순간과
다시 연결시키는 닻으로 사용하면서
부드럽게
주의를
발과
다리로
되돌려 보세요.

현재를 중심으로 의식이 깨어 있기 위해서는 지금의 순간에 주의를 기울이되 무심한 상태가 아닌 열린 자세로 보아야 해요. 마치 우리가 아름다운 산이나 나무, 꽃이나 잎을 바라보듯이 말입니다. 주의가 명료해지면서 자신을 둘러싼 모든 순간이 분명해지고, 원할 때마다 현재를 느낄 수 있습니다.

두려움이 없다면 용기도 없어

'미움받을 용기'를 키우는
5가지 마음습관

심리학자 아들러는 삶의 순간을 만들어나가는 창조적인 힘이 우리의 내면에 있다고 보았습니다. 일상은 매일 다르고, 현재도 매 순간 변화하는 것이니 얼마든지 바꿀 수 있다고 말이죠. 자신이 추구하려는 삶의 목표가 있다면 이를 만들어나가는 힘을 키우고, 자유롭게 선택하며, 자기 결정력을 높이는 의사결정이 필요하다고 강조합니다. 또한 삶에는 도전과제가 많고, 다양한 사람들과의 상호작용이 존재합니다. 그래서 이 속에서 나를 지키기 위해서는 '용기'가 필요하다고 합니다. 이때의 용기란 두렵거나 불리한 상황 속에서도 기꺼이 자신이 원하는 의미가 있는 선택을 해나가는 것을 의미합니다.

그렇다면 나를 지켜나가는
선택을 만들어나가기 위해선 어떻게 해야 할까요?

아들러는 왜
용기의 필요성을 강조했을까요?

우리에겐 누구나 기대하는 삶의 모습이 있습니다. 그러나 마음 안에는 극복해야 할 여러 장애물도 있지요. 예를 들어, 타인의 의견이나 사회적 시선, 주변의 상황 등으로 인해 마음처럼 행동하지 못하는 경우가 많습니다. 그래서 이런저런 일들에 신경을 끄고 과감히 자신이 원하는 삶을 만들어가는 사람들을 보면 '용기 있다'라는 말이 절로 나옵니다.

행복하기 위해서는
용기가 필요해요.

내 삶의 가치를 위해서는, 행복한 삶을 만들어나가기 위해서는 용기가 필요합니다. 이제, 남들이야 어떻든, 어떻게 살든 내가 소중하게 여기는 삶을 창조하기 위한 방법을 찾아봐야겠습니다. 내 삶의 가치를 만들어나가야 현재의 일과 관계 속에서도 나를 지킬 수 있으니까요. 그러면 '용기'를 키우려면 어떻게 해야 할까요?

내가 만드는
두려움을 내려놓아요.

용기를 키우기 위해서는 먼저 내면의 두려움을 인식하고 내려놓아야 합니다. 두려움은 종종 우리가 상상하는 최악의 상황에서 비롯됩니다. 이를 극복하기 위해 먼저 두려움을 직면하고, 그 두려움이 실제로 얼마나 현실적인지 분석해보세요. 사람들 앞에서 발표하는 게 두렵다면 작은 모임에서부터 시작해보세요. 작은 성공경험을 쌓아가며 자신감을 키우는 것입니다. 새로운 도전을 시도하고 실패를 두려워하지 않는 태도를 가지면 점차 두려움은 사라지고 용기는 커질 것입니다. 긍정적인 마인드와 주변의 지지 역시 용기를 키우는 데 큰 도움이 됩니다. 주변 친구나 가족에게 도움을 요청하고, 그들의 응원을 받으면 더욱 자신감을 가질 수 있습니다.

**현재, 중요하다고 여기는
그것을 찾아요.**

지금 이 순간 중요한 것을 놓치고 있지는 않나요? 지금 나에게 가장 중요한 것이 무엇인지를 찾아봅니다. 타인의 말이나 시선보다는 내 삶에서 중요하게 여기는 것에 관해 생각해봅니다. 나 자신으로서 살아가는 순간들이 있어야 삶의 의미도 생기고, 존재감도 커집니다.

내가 나에게 주는 선물이야!

또한 자신의 가치와 목표를 명확히 인식하면 두려움을 극복하고 용기를 발휘하는 데 큰 도움이 됩니다. 가족과의 시간을 소중히 여기는 사람이라면 그 시간을 지키기 위해 직장에서의 어려운 결정도 과감하게 내리는 용기를 발휘할 수 있습니다.

열정이나 꿈을 추구하는 것이 중요한 사람은 있을지 없을지도 모르는 막연한 실패가 두려워 망설이는 대신 반드시 이루겠다는 마음으로 과감하게 도전하는 용기를 냅니다. 이렇게 내가 중요하게 생각하는 것이 무엇인지 명확히 하면서 삶의 방향을 설정하고, 그 가치를 지키기 위한 용기를 키워보세요.

있는 그대로를
보고 느끼고 받아들여요.

용기를 키우기 위해서는 상황을 있는 그대로 보고 느끼는 연습이 필요합니다. 두려움과 불안은 종종 왜곡된 시각에서 비롯되기 때문에 현실을 객관적으로 바라보는 것이 중요합니다. 중요한 발표를 앞뒀을 때 '실패할 거야' 대신 '내가 준비한 만큼 최선을 다하자'라고 생각하는 것입니다.

현재의 감정과 상황을 있는 그대로 받아들이고, 과거의 경험이나 미래에 대한 걱정에 휘둘리지 않으려는 노력이 필요합니다. 명상이나 일기 같은 방법을 통해 자신의 감정을 정리하고, 현실을 직시하는 연습을 해보세요. 이렇게 하면 두려움이 줄어들고, 더욱 담대하게 상황에 맞설 수 있는 용기를 얻을 수 있습니다.

나 자신을 아끼고 사랑해요.

용기를 키우기 위해서는 자신을 아끼고 사랑하는 마음이 필요합니다. 자기 자신을 존중하고 소중히 여길 때 우리는 더 큰 용기를 발휘할 수 있습니다. 실수했을 때 자책하기보다는 "누구나 실수할 수 있어, 이 경험을 통해 더 성장할 수 있어"라고 나를 위로하고 격려하는 것이 중요합니다.

자기돌봄의 일환으로 충분한 휴식을 취하고, 자신에게 긍정적인 말을 건네는 습관을 들이는 것도 중요합니다. 또한 자신의 강점과 성취를 인정하며 자부심을 가지는 것도 도움이 됩니다. 자신을 사랑하는 마음이 클수록 우리는 더 큰 용기를 가지고 도전에 맞설 수 있습니다.

자기애가 부족하면 타인의 사소한 말 한마디에도 상처가 커지고 작은 행동에도 동요됩니다. 간혹 습관적으로 자신을 낮추거나, 지나치게 겸손하거나, 자신의 수고나 노고를 운이나 타인의 도움 때문이라며 공을 돌리는 경우가 있습니다. 그보다는 자신의 노력을 인정하고, 성격의 좋은 면을 더욱 키우고 드러내며 자신의 모습을 지켜나가야 합니다.

**내가 원하는 삶을 향해
한눈 팔지 말고 나아가세요.**

용기를 키우기 위해서는 자기실현을 향해 전념하는 것이 중요합니다. 자기실현이란 자신의 잠재력을 최대한 발휘하고, 진정으로 원하는 삶을 살아가는 것을 의미합니다. 이를 위해서는 자신의 목표와 꿈을 명확히 하고, 이를 이루기 위한 계획을 구체적으로 세우는 것이 필요합니다. 예를 들어, 작가가 되고 싶은 꿈이 있다면 매일 꾸준히 글을 쓰고 관련된 책을 읽으며 작가에게 필요한 역량을 키워나가는 과정이 필요합니다.

또한 인생에서 실현하고자 하는 목표를 단기적 · 장기적으로 세워 전념해나갑니다. 어떤 목표를 향해 능동적으로 행동하는 것은 삶을 살아가는 주체로서의 자기인식을 높여줄 것입니다. 이렇게 자기실현을 향한 전념은 용기를 필요로 하지만, 그 과정에서 얻는 성취감과 만족감은 우리의 용기를 더욱 키워줍니다.

"용기는 두려움과 함께 공존하죠. 자신만의 길을 향해 나아갈 때 두려움은 용기의 뿌리가 되어 더 큰 배움과 성장을 필요로 하게 됩니다. 두려움이 없다면 용기도 존재하지 않습니다."

오늘의 나와 다른 내일의 나

habit

안 되는 건 없어

'낙관성'을 키우는
5가지 마음습관

'낙관성'은 인생이나 상황에 대한 긍정적인 생각을 의미합니다. 이는 정신건강에 중요한 역할을 하며, 자신감과 동기부여를 높이고 자기효능감을 향상시켜 목표를 달성하는 데 도움을 줍니다. 낙관성은 긍정적인 사고에서 비롯됩니다. 반대로 평소에 부정적인 생각을 자주 하면 모든 것이 힘들고 감당하기 어렵게 느껴져 자신감이 떨어질 수 있습니다.

특히 평소 자신의 약점이나 부족한 면에 지나치게 초점을 맞추다 보면 해야 할 모든 일이 부담스럽게 느껴질 수 있습니다. 그 결과 동기의 수준이 낮아져서 실제로 그 일을 잘 해내지 못하게 될 수도 있습니다.

만약 가까운 가족이나 친구가 자주 이런 부정적인 생각을 한다면 어떤 말을 해주고 싶은지 생각해보세요. 그리고 자신이 유사한, 힘겨운 상황을 겪을 때 그 말을 자신에게도 해주면서 나 자신을 격려해보세요.

습관적으로 하는 부정적인 생각들

"나는 이 일을 잘 못 해낼 것 같아."
"나는 이 일을 끝마치지 못할 거야."
"다른 사람들이 이 일을 더 잘 해낼 거야."
"결국 실패하게 될 거야."
"한 번도 해본 적이 없어. 분명 안 될 거야."

'다른 사람들이 이 일을 더 잘 해낼 거야'라거나 '나는 결국 실패하게 될 거야'라고 생각할 때가 많아. 하지만 그런 생각들은 나의 능력을 과소평가하게 만들 뿐이야. 나도 충분히 이 일을 잘 해낼 수 있어. 처음 해보는 일이라도 도전해보는 것이 중요해. 내가 할 수 있다는 믿음을 가져보고, 과거에 성공했던 경험들을 떠올리면서 자신감을 키워야 해. 나는 할 수 있어!

'나는 이 일을 잘 못 해낼 것 같아'라거나 '나는 이 일을 끝마치지 못할 거야'와 같은 생각을 해. 하지만 그런 생각들은 나에게 부담만 줄 뿐이야. 내가 과거에 잘 해낸 일들을 떠올려 보면 이번 일도 충분히 해낼 수 있을 거야. 다른 사람들이 더 잘 해낼 거라는 생각 대신 내가 얼마나 많은 것을 이미 성취했는지 기억해봐. 처음 해보는 일이라도 시도해보는 게 중요해. 나는 할 수 있어!

우리는 격려와 용기를 북돋는 말이 어려움을 극복할 수 있도록 돕는다는 것을 알고 있으며, 이를 실천하기도 합니다. 그 이유는 미래를 낙관적으로 바라보아야 그 일을 제대로 마주할 수 있기 때문입니다.

혹시
정작 자기 자신에게는 늘
부족하거나 나약하다는 생각을
심어주고 있지 않은가요?

만약 그렇다면 이제부터라도 지지하고 격려하는 메시지를 스스로에게 전해보세요. 자신을 지지할 수 있어야 역경을 만나더라도 한 걸음 앞으로 나아갈 수 있습니다.

낙관성은 동기부여 이상의 효과를 발휘합니다. 감정의 기복을 조절하고, 자신감을 높여 상황을 직면할 수 있게 하며, 스트레스 호르몬과 스트레스성 염증을 줄이고 면역기능을 증진시키는 등 신체건강에도 긍정적인 영향을 줍니다. 또한 낙관적인 생각을 자주 할수록 창의성, 유연성, 포용성이 커지고 문제해결 능력이 향상됩니다.

그렇다면 낙관성을 키우기 위해서는 무엇을 어떻게 해야 할까요? 가능성의 문을 여는 사고의 힘을 계발하기 위해서는 작은 습관의 변화가 필요합니다.

대인관계에서
긍정의 힘을 발견하세요.

낙관성을 키우기 위해서는 대인관계에서 긍정적인 상호작용을 늘려나가야 합니다. 가벼운 대화에도 주의를 기울이며 그 순간을 충분히 느끼고, 좋은 기분을 느낄 수 있는 긍정의 언어와 행동을 계획해서 실천해 나갑니다. 대인관계는 삶의 질에 큰 영향을 미치며, 심리적인 안정감을 주고 자신에 대한 긍정적인 인식을 갖게 합니다.

누군가와의 대화나 함께하는 활동에서 즐거움을 얻기 위해서는 '관대한 주의'와 '호기심'이 필요합니다. 예를 들어, 상대방의 배려의 말, 사랑하는 사람의 미소, 카페에서 바리스타와의 가벼운 대화, 친구와 나누는 웃음 등 일상에서 경험하는 기분 좋은 순간들에 주의를 기울여 되새겨 봅니다. 낙관성은 긍정적인 일들이 늘어날 때 생기기도 하지만, 긍정적인 시선으로 바라볼 때 더욱 배가 됩니다.

일단
걱정에서 벗어나세요.

낙관성을 방해하는 가장 큰 요인은 '걱정'하는 마음입니다. 걱정은 미래에 대한 두려움에서 비롯되며, 걱정이 커지면 불안 수준이 높아지고 의기소침해집니다. 걱정은 내일의 염려를 키우고, 오늘을 살아갈 힘을 앗

아깝니다. 데일 카네기도 걱정을 통제하지 못하면 성공할 수 없다고 강조했습니다. 그는 걱정이 자신에 대한 긍정적인 태도와 미래를 향한 도전에 큰 걸림돌이 된다고 보았습니다.

걱정하는 습관을 줄이는 법

1. 늘 바쁘게 살자. 절망 속에서 시들어가지 않도록 행동에 몰두하자.

2. 무시하고 잊어야 할 사소한 일로 속상해하지 말자.

3. '내가 걱정하고 있는 일이 일어날 가능성은 얼마나 되는가'를 스스로에게 자문하자.

4. 피할 수 없는 일이라면 받아들이자.

5. 살면서 좋지 않은 일이 일어날 것만 같은 기분이 들 때 잠시 멈추고 자신에게 세 가지 질문을 해보자.

"내가 걱정하는 일이 정말 중요한 일인가?"

"나는 어느 시점에서 이 걱정을 떨쳐낼까?"

"내가 중요하게 여기는 가치보다 걱정에 더 많은 시간을 쓰는 것은 아닐까?"

6. 과거의 일에 연연하지 말자.

— 데일 카네기의 《자기관리론》 중에서

삶은 우리의 생각에 따라 만들어집니다. 행복한 생각을 하면 행복해질 것이고, 두려운 생각을 하면 두려워집니다. 할 수 없다고 생각하면 불안해지니 실패에 대한 걱정은 더욱 커집니다. 모든 문제를 낙관적으로 볼 수는 없지만, 부정적인 태도보다는 긍정적인 마음을 가져야 심리적으로 위축되지 않고 용기를 낼 수 있습니다.

**즐겁게 생각하고 행동하되
내 속의 내부비판자를 경계하세요.**

삶에는 다양한 도전이 존재합니다. 이러한 도전을 긍정적으로 받아들이고, 경험을 통해 배우는 자세로 해결해나가면 더 큰 성취감과 만족감을 얻을 수 있습니다. 긍정적인 마음가짐은 우리의 삶을 더욱 풍요롭게 만들어줍니다.

우리는 실수를 곱씹고, 잘 되는 것보다 잘 안 되는 것에 더 집중하곤 합니다. 자신에게 칭찬보다는 비난을 가하거나 높은 기준을 세워 성취 여부에 따라 자신을 평가하며 자책하기도 합니다. 이러한 부정적인 내부비판자의 메시지를 알아차리는 것은 기분저하, 무기력, 낮은 긍정성을 예방하는 데 큰 도움이 됩니다.

비판적인 자아가 강하게 발달하면 늘 평가절하하는 부정적인 말로 인해 잠재력이나 긍정적인 미래의 관점이 억제됩니다. 습관이 되면 부정적인 내용을 그대로 받아들이게 되는 '사고융합(Cognitive Fusion)'이 일어납니다. 그렇게 되면 그 부정적인 생각에 따라 선택하고 결정하며 행동하게 됩니다. 그래서 오래된 부정적인 메시지를 알아차리는 것이 중요합니다. 그리고 이를 긍정적이고 낙관적인 메시지로 대체해나가야 합니다. 긍정적인 생각을 키우는 데는 연습이 필요합니다. 자주 반복할수록 진짜 나 자신에게 도움이 되는 선택과 결정이 늘어날 것입니다.

주어진 상황에서
가능성을 발견하세요.

낙관주의자는 가능성에 집중합니다. 반면 비관주의자는 매사 부정적인 면에 집중하고 안 좋은 결과만 예측합니다. 낙관적인 사람은 난관 속에서 기회를 찾지만, 부정적인 사람은 기회 속에서 난관만을 봅니다.

상황이 계속 나빠질 것으로만 여기거나 최악의 상황만을 상상한다면 두려움과 불안이 깊게 뿌리내리게 됩니다. 가능성과 불가능 중 어느 씨앗에 물을 줄 것인지는 스스로 선택하는 것입니다. 할 수 있습니다. 자신의 선택이 내일의 나를 만들어간다는 점을 기억해야 하겠습니다.

"긍정적인 생각은 당신의 하루를 빛나게 하고, 더 나은 내일을 만듭니다.
오늘도 낙관적인 마음으로 자신을 격려해보세요."

확신이 날 움직이게 해

'확신'과 '의지'를 키우는
10가지 마음습관

자기확신은 스스로를 믿는 마음입니다. 의지란 어떤 일을 이루고자 하는 마음가짐을 말합니다. 삶에서 원하는 것을 이루기 위해서는 자신에 대한 확신과 의지가 함께 있어야 합니다. 그래야 실천력도 생기고, 난관이나 장애물도 극복할 수 있습니다. 반면 확신과 의지가 없으면 예외 상황과 마주했을 때 쉽게 포기하게 됩니다. 심하면 애초에 시작조차 하지 못할 수도 있습니다.

**인생에는 크든 작든
확신과 의지가
필요한 순간들이 많습니다.**

어려운 부탁이나 요청을 해야 할 때, 중요한 면접이나 발표를 앞두고 있을 때, 사랑한다고 고백을 하려 할 때, 중요하고 어려운 결정을 내려야 할 때, 거절의사를 표현해야 할 때, 인생의 도전거리를 만나 선택해야 할 때, 마음속에 품은 뜻을 펼치려 할 때, 일이나 관계를 그만둘 때,

새로운 일을 시작할 때, 낯선 사람이나 환경에 적응해야 할 때 등 여러 상황에서 우리에게는 적절한 확신과 단단한 의지가 필요합니다.

우리는 저마다 마음 안에 바라고 원하는 삶의 기대나 목표가 있습니다. 그리고 새로운 경험을 해봐야 원하는 결과도 얻을 수 있고, 보완해야 할 점이나 잠재력도 발견할 수 있으며, 방해가 되는 오랜 습관도 개선할 수 있습니다. 그런데 누군가는 새로운 경험과 맞서지만, 누군가는 피하려고만 합니다. 무엇이 이런 차이를 만드는 걸까요?

마음에 작동하는
방해요인을 다룰 수 있어야 합니다.

확신과 의지가 필요한 순간마다 주저하거나 회피하게 만드는 마음의 인자는 바로 '두려움'입니다. 두려움은 걱정에서 비롯됩니다. 걱정하지 않는 사람은 없습니다. 걱정이 무조건 나쁜 것도 아닙니다. 중요한 것은 걱정의 내용이 어떤 결말로 이어지는가입니다.

'실패하면 어떡하지?'
'잘 안 될 것 같은데…'

이런 파국적인 생각에 매번 빠지면 두려움은 더 커지기만 합니다. 따라서 두려움을 키우는 부정적인 메시지가 내 안에 있는지 잘 알아차리는 것이 중요합니다. 무언가를 시작해야 할 때마다 행동을 억제하는 부정적인 생각을 찾아내고, 행동을 강화하는 내용으로 수정합니다.

부정적인 생각은 대체로 실제 결말을 파국으로 이끕니다. 설사 생각이 부정적으로 시작했더라도 긍정적인 방향으로 귀결시키는 연습을 해봅시다. 좋은 생각을 키우는 데는 노력이 필요합니다. 처음엔 어렵지만, 생각이라는 방해인자를 잘 다루어야 목표한 행동을 해낼 수 있습니다.

하나. 확신과 의지는
저절로 자라나지 않습니다.
파트너 감정을 받아들여요.

우리는 흔히 새로운 일을 해야 하는데 두려워서 망설이게 된다고 말합니다. 두려움이 없어야 행동을 시작할 수 있다는 관념에 갇혀버린 거죠. 이처럼 조건이 붙은 생각의 틀은 자신을 가두는 마음의 덫이 될 수 있습니다.

어떤 일을 앞둔 상태에서는 당연히 느끼게 되는 감정들이 있습니다. 예를 들어, 소풍을 하루 앞두고 느끼는 설렘은 지극히 보편적인 감정입니다. 마찬가지로 발표나 면접을 앞두고 느끼는 불안 또한 지극히 당연한 것입니다. 그런데 우리는 종종 이 불안함이 불편해서 '난 왜 이리 불안하지?', '왜 계속 긴장이 되지?'라며 타당한 이 감정을 문제 삼습니다.

불편한 감정을 느끼지 않으려는 마음이 클수록 감정을 마주하기가 어렵습니다. 심리치료 동안 내담자에게 종종 "파트너 감정을 인정해주세요"라고 조언합니다. 시작할 때 느끼는 파트너 감정이 바로 '두려움'입니다. 두려움은 없애야 하는 감정이 아니라 수용해야 하는 감정임을 잊지 마세요.

둘, 내가 잘하는 것에 관심을 기울여요.

확신과 의지는 내가 가진 장점을 발견하고 이를 발전시키기 위해 노력하는 과정에서 드러납니다. 일상에서 내가 잘하는 것을 찾아내겠다는 각오로 마음을 관찰해봅시다. 그런 다음 장점이 돋보일 수 있는 도전을 낮은 단계부터 시도합니다. 꾸준한 노력이 중요하니 처음부터 지나치게 높은 목표를 설정하지 않습니다. 한 번에 모든 것을 이루려 하기보다는 지속적으로 장점을 발전시키겠다는 마음가짐을 갖습니다.

장점을 받아들이면 새로운 길이 보여요.

내담자 중 목소리가 차분하고 편안한 분이 있었습니다. 그분은 어릴 때부터 "목소리가 좋다"는 말을 자주 들었다고 했습니다. 처음에는 '그냥 하는 말이겠지'라고 가볍게 여겼답니다. 그런데 장점으로 받아들이는 순간 삶에 새로운 길이 열렸습니다. 지금 그는 자신의 목소리로 세상과 소통하며 특별한 시간을 보내고 있습니다.

50대 한 내담자는 대학 때부터 사진을 좋아했습니다. 주변 사람들로부터도 좋은 피드백을 받았는데, 이를 장점으로 인식한 결과 지역사회 사진작가가 되었습니다. 새로운 경험과 낯선 도전이었지만, 자신의 장점을 찾아 가능성의 문을 열어나간 것입니다.

셋. 평소와는 다른 반대행동을 늘려보세요.

오래된 습관과 같은 생각을 버리고 평소와는 다른 반대행동과 선택을 늘려봅니다. 생각이 많으면 행동이 지연되거나 아예 일어나지 않을 수 있습니다. 일상에서 어떤 행동을 할 때 전과는 달리 선택해보세요. 습관적이고 낡은 생각들은 새로운 경험과 기회를 제한할 수 있습니다. 타인에게 '물어볼까? 말까?'를 고민하다가 주로 포기를 선택하는 편이라면 이제는 그냥 물어보는 쪽으로 행동을 취하고, '나갈까? 말까?'를 고민한다면 과감하게 집 밖으로 나가는 겁니다.

넷. 부정적인 말이나
부정적인 의견을 피해요.

확신과 의지가 부족하다면 주변의 부정적인 말에 휩쓸리지 않도록 상황을 통제하는 것도 필요합니다. 실현가능성을 억제하고 위험요소를 언급하는 사람보다는 용기를 북돋고 가능성을 말하며 응원해주는 사람으로부터 확신을 얻어갑니다. 부정적인 말을 자주 들으면 자신감이 떨어지고 의기소침해지기 쉽습니다. 상대방은 우려해서 한 말일 수 있겠지만, 도전과 계획을 앞둔 상황에서는 도움이 되지 않습니다.

다섯. 성장을 돕는
나만의 멘토를 찾아요.

자신을 성장시키고 역경 속에서도 지혜를 얻을 수 있는 인생의 멘토를 찾아봅니다. 이들의 좋은 생각과 태도를 자신의 것으로 만들어가며 새로운 습관을 길들여봅니다. 타인의 좋은 면을 행동으로 옮기다 보면 틀에 갇힌 생각에서 벗어나 더 나은 선택과 도전을 할 수 있게 됩니다. 정기적으로 멘토와의 시간을 만들어 동기를 강화하고, 행동을 통해 전념하며 스스로에게 필요한 변화를 만들어나갑니다. 이러한 과정을 통해 자기성장을 이루어가는 동안 삶은 점차 긍정적인 방향으로 변화되어갈 것입니다.

**여섯. 긍정적인 자기대화를
꾸준하게 늘려요.**

자신과의 긍정적인 소통은 동기 강화에 매우 중요합니다. 평소 자신에게 의지를 북돋을 수 있는 문장을 기록해두었다가 수시로 내면언어로 만들어나갑니다. 예를 들어, '누구도 가보지 않은 길은 없어', '긴장은 당연한 거야'와 같은 긍정의 말을 습관화합니다. 자신과의 대화가 건강해야 자신감을 키울 수 있고 행동할 수 있습니다. 혹시 부정적인 자기 대화로만 가득하다면 상황별로 긍정의 대화로 전환해보세요.

**일곱. 내 행동의 연료가 될
'가치'와 '세부목표'를 만들어요.**

어떤 일이든지 목표와 가치가 함께 있어야 행동이 지속될 수 있습니다. 목표행동의 연료가 되는 것이 바로 '가치'입니다. 가치는 나아가야 할 삶의 방향을 제시하고 역경을 만날 때 나아갈 수 있는 동력이 됩니다. 물론 누구도 자신의 가치에 따라서만 살 수는 없습니다. 하지만 가치를 수립해놓으면 언제든 다시 자신이 가고자 하는 방향과 연결할 수 있습니다. 가치 있는 삶을 산다는 것은 자신이 가치 있게 여기는 것을 위해 행동하는 것입니다. 이는 역경을 만날 때 다시 일어설 수 있게 하는 동력이 됩니다. 또한 무엇을 어떻게 얼마나 할 것인지, 즉 전념행동까지 구체적으로 설정하면 목표에 보다 더 쉽게 다다를 수 있습니다.

- 가치 : 건강
- 목표 : 매주 3회 이상 운동하기
- 전념행동 :
  매주 월, 수, 금(주 3회) 아침 7시에 1시간씩 조깅하기

- 가치 : 가족
- 목표 : 매주 주말마다 가족과 함께 시간을 보내기
- 전념행동 :
  매주 일요일 저녁 가족과 함께 식사하고 보드게임 하기

- 가치 : 자기계발
- 목표 : 매달 한 권의 책 읽기
- 전념행동 :
  매일 자기 전에 30분씩 독서시간 갖기

- 가시 : 사회 기여
- 목표 : 매달 한 번씩 봉사활동 참여하기
- 전념행동 :
  매월 첫 토요일 9시~12시(3시간) 지역사회 봉사활동 참여하기

- 가치 : 재정적 안정
- 목표 : 매달 소득의 20% 저축하기
- 전념행동 :
  월급 날 바로 저축계좌로 20% 자동이체 설정하기

**여덟. 잠재의식을 깨워
최악 대신 최선을 바라봐요.**

잠재의식에 부정적인 이미지나 메시지를 심지 않도록 합니다. 새로운 일이나 계획을 세울 때마다 자신의 미래를 부정적으로 예측하는 습관이 있다면 생각을 변화시키기 위해 적극적으로 노력해야 합니다. 자신의 미래를 부정적으로 확언하는 예언자가 된다면 불안과 두려움이 떠나지 않습니다. 항상 최악의 시나리오를 상상하며 그 주인공으로 살아간다면 걱정이 끝없이 이어질 것입니다. 만약 두려움과 불안이 커서 사전에 최악의 결과를 예측해두어야 마음이 편하다면 한 단계를 더 준비해야 합니다. 예를 들어, '걱정하는 상황이 생기면 나는 이렇게 해결할 것이다', '만일 염려하는 상황이 일어나면 나는 이렇게 대처할 것이다'처럼 해결방법을 함께 생각해두는 것입니다. 최악의 상상만 하고 대처할 방법이 없다면 그 상황에 놓였을 때 효율적으로 대응하기 어려울 수 있습니다.

**아홉. 왜 행동해야 하는지
구체화해요.**

자기 확신과 의지가 필요한 순간마다 '왜 지금 행동해야 하는지' 구체화합니다. 행동의 이유를 목록으로 작성해 수시로 자기동기를 강화합니다. 단순히 '왠지 그래야 할 것 같아서…'일 뿐이라면 시작했더라도 금

방 그만두게 됩니다. 직면해야 하는 이유나 행동해야 하는 이유를 구체화하는 연습은 자신을 더 잘 이해하고 행동을 촉진하는 데 도움이 됩니다. 행동활성화 전략의 핵심은 구체화에 있습니다.

열. 일상에서 사소한 '확신'을 늘려요.

일상에서 사소한 결정을 늘려나갑니다. 낮은 수준부터 시작해 점차적으로 더 큰 단계로 나아가며, 이러한 변화를 경험일지로 기록해봅니다. 이를 통해 자신이 부족하거나 행동에서 강화가 필요한 부분을 찾아 보완합니다. 또한 매일 하나씩 이전에 시도하지 못했던 작은 행동을 실천하기 위한 계획을 세워 실현해나갑니다. 작은 도전이지만 새로운 행동에는 두려움이 생길 수 있습니다. 그때마다 '기꺼이 이 경험을 해보겠어' 하는 자기의지를 북돋아 실천력을 키워나갑니다.

"새로운 시작을 할 때 느끼는 두려움을 수용해주세요.
자신을 믿는 마음과 의지는 우리를 매일 조금씩 더 나아지게 만드는 힘입니다.
이 힘을 통해 꿈을 현실로 만들어나가 보세요."

마음 챙김

누군가의
지지와 위로가 필요할 때

한 손을

가슴 위에

올려놓아 보세요.

손바닥과 가슴이 맞닿은 느낌을 느껴보세요.

가슴을 쓰다듬어 주거나 다독여 주세요.

이제

지금 이 손이

위로받고 싶은

그 누군가의

손이라고 생각해보세요.

엄마나 아빠,

다른 가족 혹은 친구나 멘토,

돌아가신 분,

영적인 대상도 좋아요.

그리고 내 자신이어도 괜찮아요.

이제

그분의 얼굴과

표정, 환한 미소를 떠올려 보세요.

그분이 지닌 깊은 사랑과 치유의 에너지를

내 손을 통해

온몸으로 느껴보세요.

그분이

나에게 해주는

사랑과 위로,

격려의 말을

가만히 들어보세요.

외로움, 두려움, 상처로 인해 무척 힘든 날이 있어요. 이런 날 가장 먼저 떠오르는 사람은 누구인가요? 마음을 추스르기 어렵고 혼자서 감내하기 힘든 날에는 나를 가장 잘 알아주는 '한 사람'을 내 마음에 초대해보세요.

파도라도 탈 수는 있어

마음을 돌보는
10가지 감정습관

가까운 사람을 오랜만에 만나면 마음 한 켠에 넣어두었던 여러 가지 것들을 꺼내게 됩니다. 주로 그로 인해 겪은 한동안의 마음고생 같은 감정들이 쏟아집니다. 그 외에도 우리는 일이나 관계 속에서 다양한 감정을 느낍니다. 비록 눈에 보이지 않지만, 이런 감정들은 마음 깊숙한 곳에서 세상과 자신을 바라보는 힘을 약화시키기도 하고 나의 성장을 도모하기도 합니다.

흔히 감정을 파도에 비유합니다. 바다의 파도를 멈추게 할 수 없듯 우리도 감정의 파도를 멈추게 할 수는 없습니다. 친구에게 외면당할 때, 시험이나 입시로 힘겨울 때, 일이 버거워 답답할 때, 심지어 주변 사람들의 사소한 반응에도 감정이 흔들릴 때가 있습니다. 이처럼 다양한 이유로, 다양한 형태로 느껴지는 감정을 효율적으로 다스릴 수 있다면 심리적으로 균형을 유지할 수 있을 것입니다. 방법만 알 수 있다면 말이지요. 그런데 파도를 멈출 수는 없지만, 파도를 잘 타는 방법은 배울 수 있습니다. 감정도 마찬가지입니다.

감정은 외부상황 때문에 커지기도 하지만, 내면의 생각이 원인이 되어 깊어지기도 합니다. 중요한 점은 밖에서 온 감정이든 내 안에서 커진 감정이든 결국 내 감정이라는 것입니다.

감정이 성난 폭풍우처럼 요동칠 때 이를 가라앉히려면 특별한 방법이 필요합니다.

하나. 보편적인 감정을 인정하세요.

항상 편안하고 안정된 감정만을 추구하다 보면 감정이 조금만 변해도 견디기 어려워집니다. 감정을 잘 다루려면 일상에서 느끼는 다양한 감정을 자연스럽게 받아들여야 합니다. '난 늘 고요하고 싶어'라고 생각하는 대신 '난 매일 50~60% 정도는 감정의 파도를 허락하겠어'라고 마음을 바꾸는 것이 좋습니다. 감정에 지나치게 민감하면 작은 변화에도 불편함을 느끼게 됩니다. 일상의 스트레스를 자연스럽게 받아들이고, 감정변화는 잘못된 것이 아니라 매우 자연스러운 일임을 이해하는 것이 중요합니다.

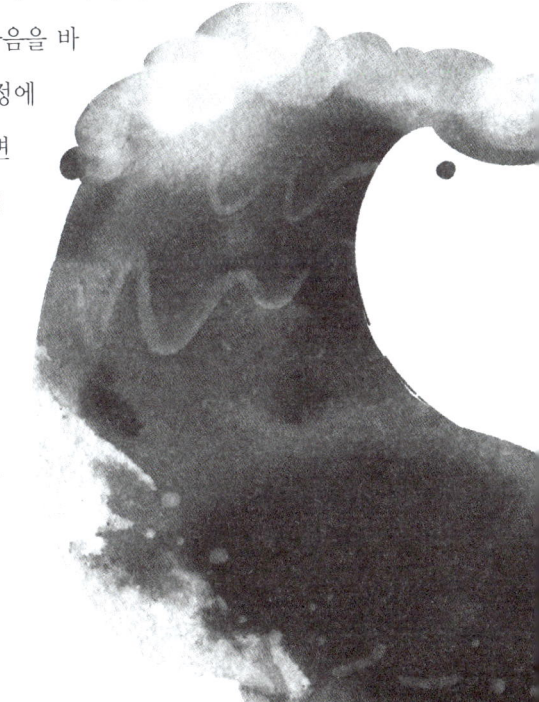

둘, 남의 말에 휘둘리지 않아요.

다른 사람의 말을 반복해서 곱씹으며 자신을 괴롭히지 않아야 합니다. 마음에 담아두면 좋을 따뜻한 말은 많습니다. 부정적인 말이나 자기 중심적인 말, 그리고 상대방을 함부로 판단하는 말들에 신경을 쓰다 보면 작은 일도 견디기 힘들어집니다. 나 아닌 다른 누군가의 가치관이나 생각은 그의 것일 뿐입니다. 중요한 것은 타인의 말이 아닌 자신의 감정입니다. 흘려보내야 할 말과 마음에 새겨둘 지혜로운 말을 구분하며, 나와 타인 간의 경계를 잘 지켜나가도록 합니다.

셋, 감정을 있는 그대로 받아들여요.

감정을 받아들인다는 것은 있는 현재의 감정에 대해 '지금 이 감정이구나'라고 알아차리고 그 감정을 능동적으로 수용하는 것입니다. 감정은 수용했을 때 쉽게 진정됩니다. 반면 감정을 피하거나 억제하는 편이라면 긍정적인 감정만 느끼고 싶고 불편한 감정은 피하고 싶은 마음이 큰 건 아닌지 살펴봅니다. 원하는 감정과 원치 않는 감정을 구분해놓고 있지는 않은지요. 이제 내 감정을 허락하겠다는 마음으로 차분히 살펴보며 있는 그대로 받아들이는 연습을 늘려나갑니다. 그래야 다른 사람에게 감정적으로 덜 의존하게 되고, 내 마음도 깊이 헤아릴 수 있게 됩니다.

넷, 감정의 골든타임 – 3분 멈춰요.

감정이 커지면 3분간 하던 일을 멈추고 주의를 전환합니다. 강렬한 감정이 들면 판단능력이 떨어져 효과적인 문제해결이 어렵습니다. 이는 감정이 폭발할 때 뇌의 편도체가 활성화되어 이성적인 판단을 담당하는 전두엽의 기능이 저하되기 때문입니다. 따라서 잠시 멈추고 시간을 갖는 것이 중요합니다. 이런 때 할 일을 미리 정해두는 것도 좋습니다. 진정을 돕는 음악을 듣거나, 간단한 글을 읽거나, 좋아하는 차를 마시거나, 잠깐 산책을 하는 것도 좋은 방법입니다. 특히 주의를 전환할 때는 기분을 나아지게 하는 데 초점을 맞춥니다. 즉각적인 노력만으로도 강한 감정에서 벗어날 수 있습니다. 연구에 따르면 감정이 폭발한 후 3분 정도의 시간이 지나면 뇌의 화학적 반응이 안정화되기 시작합니다. 따라서 3분 멈춤은 감정의 파도를 잘 타는 데 효과적인 방법입니다. 물론 사람마다 필요한 시간이 다를 수 있습니다. 그래서 자신에게 맞는 시간을 찾아가는 것도 중요합니다.

다섯. '나와 상대' – 심리적 거리를 두세요.

누군가로 인해 기분이 상하고 화가 나는 일이 자주 발생한다면 먼저 상대를 바라보는 데 있어서 특정한 고정관념이 있는지 살펴보세요. '이 사람은 이래야만 한다'라는 생각으로 상대방을 평가하고 있는 것은 아닌지요. 이와는 달리 상대의 자기 중심적인 태도나 판단으로 인해 자주 상처를 받는다면 그 관계를 지키기 위해 애쓰는 것보다 과감하게 심리적인 거리를 두는 것이 좋습니다. 이때 가까운 사람에게 상대방과의 갈등상황에 대해 이야기하는 것도 좋습니다. 다만 조언을 구할 때는 감정적이기보다는 이성적으로 상황을 볼 수 있는 사람이어야 합니다. 그래야 객관적으로 문제를 바라볼 수 있습니다. 인간관계를 원만하게

유지하는 것은 중요하지만, 자신의 감정을 억누르면서까지 상대에게 맞출 필요는 없습니다. 만약 그렇다면 역기능적인 관계로 흘러가기 쉬우니 주의해야 합니다.

여섯. 감정의 원인을 객관적으로 파악해요.
자주 느끼는 감정의 원인을 객관적으로 잘 파악하면 효율적으로 감정을 다룰 수 있습니다. 이를 위해 나만의 감정일기를 써보는 것이 좋습니다. 간단한 메모만으로도 충분합니다. 특정 상황에서 느낀 감정을 기록해보세요. 예를 들어, "회의 중에 불안감을 느꼈다", "혼자 있을 때 외로움을 느꼈다"처럼 간단하게 작성할 수 있습니다. 이런 감정일기를 '자기관찰기록지'라고 합니다.

기쁨이나 만족 같은 긍정적인 감정을 자기관찰기록지에 포함하는 것도 좋습니다. 이런 기록이 많아지면 어느 때, 어떤 이유로 긍정적인 감정을 느끼는지도 파악할 수 있고, 나아가 그런 상황을 만들어내는 방법을 알게 됩니다. 더불어 이런 경험은 스트레스가 많은 상황에서 긍정적인 감정을 유도하는 데도 도움이 됩니다. 예를 들어, "친구와의 대화 후 기쁨을 느꼈다", "운동 후 만족감을 느꼈다"와 같이 작성할 수 있습니다. 이처럼 자신의 감정을 객관적으로 살펴보면 감정과 상황 간의 이해가 잘 이루어져 그 상황에서 필요한 행동을 잘 준비할 수 있어 도움이 됩니다.

일곱. 자기진정을 위한 기술을 배워요.

감정적으로 동요가 일었을 때 진정하는 데는 다양한 방법들을 활용할 수 있습니다.

호흡법

감정적일 때 천천히 숨을 내쉬는 것만으로도 진정효과를 볼 수 있습니다. 코로 숨을 들이마시고 입으로 '후' 하고 숨을 뱉는 소리를 내며 날숨을 내쉽니다. 호흡하는 동안 숫자를 세는 것도 도움이 됩니다. 들숨에 '하나', 날숨에 '둘'이라고 말하며 7~8번 반복합니다.

시각화

시각화는 마음을 편안하게 하는 장소를 떠올리거나 자신이 좋아하는 이미지를 마음의 눈으로 그려보는 기법입니다. 길게 뻗은 해안가의 모래톱이나 좋아하는 산책로를 걷고 있다고 상상해봅니다. 따스한 햇살이 몸을 감싸는 곳에서 맑은 하늘을 보고 선선한 바람을 피부로 느끼고 있다고 상상해도 좋습니다. 실제로 시각화를 하는 동안 진정을 돕는 세로토닌이 촉진됩니다. 잠깐의 시각화만으로도 기분이 나아질 것입니다.

점진적 근육 이완법

근육의 긴장도와 불안을 함께 낮추는 방법입니다. 숨을 들이쉴 때 근육을 긴장시키고 날숨에 이완시킵니다. 발의 근육부터 시작해 종아리 근육으로, 점차 몸의 다른 부위로 옮기며 반복합니다.

여덟. 사적인 시간을 충분히 즐겨요.

자신만의 사적 시간을 만들어서 심리적인 안정감과 삶에서의 통제감을 느껴봅니다. 일상에서 벗어나 온전히 '나'로서 집중하며 심신을 이완하는 시간을 갖는 겁니다. 자신을 위한 치유의 시간을 창조해보는 겁니다. 단 10분이어도 좋습니다. 중요한 점은 스스로가 만들어나가는 즐거움에 있습니다. 하루에 일정한 시간을 정해 '타임아웃(Time Out)'을 해보세요. 어떤 의무나 책임에서 벗어나 자신으로서 머물 수 있는 시간의 통제감을 느끼는 것은 중요합니다.

아홉. 지혜롭게 생각하고 행동해요.

감정적으로 동요된 상태에서는 현명한 선택을 하기가 어렵습니다. 그럴 땐 스스로에게 몇 가지 질문을 던져봅니다.

   이 상황에서 나의 욕구가 도움이 되는가?
   지나치게 감정적인 것은 아닌가?
   평소 관계의 가치나 삶의 가치에 적절한가?
   과연 나의 행동이 효율적인가?

잠시 이러한 자기 질문을 통해 현명한 선택을 할 수 있는 기회를 만들어봅니다. 이러한 자기 객관화를 돕는 질문은 감정에 치우치지 않도록 할 뿐만 아니라 보다 유연한 행동을 취할 수 있는 마음의 여유공간을 만들어줍니다.

열. 감정을 다스리는 말 습관을 키워요.

자주 느끼는 감정이 불편하다면 마음을 차분히 가라앉힐 수 있는 자기 대화를 이끌어봅니다. 예를 들어, 자신의 이름을 천천히 부르며 진정하거나 '괜찮아, 차분하게 해보자'라고 말하며 긴장을 풀어봅니다. 평소 스트레스가 크다면 자신의 말 습관이 감정을 더 키우는 것은 아닌지 생각해볼 필요가 있습니다. 심리적 안정을 돕는 말 습관으로 자기돌봄의 시간을 늘려봅니다. 만일 어떤 말을 해야 할지 떠오르지 않는다면 감정적인 상황에서 가까운 사람에게 듣고 싶은 말이나 유사한 상황에 놓인 주변 사람에게 해줄 말을 상상해보며 그 말을 자기대화에 적용해봅니다.

"감정은 파도와 같습니다. 파도를 피할 수는 없지만, 파도를 잘 타는 방법은 배울 수 있습니다. 자신과 감정 사이의 관계를 잘 맺어보세요. 다정하고 친절하게, 마치 친구처럼 다가가 보세요."

나는 나를 믿어

자신감을 키우는
5가지 마음습관

**나를 신뢰하는 마음이 지금보다 더 커진다면
내 삶이 어떻게 달라질까요?**

어떤 계획을 세우고 노력했지만 기대만큼의 결과를 얻지 못할 때, 실수가 이어질 때, 다른 사람에 비해 능력이 부족하다고 느낄 때, 남으로부터 부정적인 피드백을 들을 때는 자신감이 낮아지고 마음이 작아집니다. 이때 주변의 누군가가 "자신감을 가져봐"라며 어깨를 토닥여주면 격려라는 걸 알면서도 괜스레 의기소침해지기도 합니다. 이미 추락한 자신감은 타인의 말 한마디로 추슬러질 수 있는 게 아니니까요.

자신감은 '어떤 일을 스스로의 능력으로 충분히 감당할 수 있다고 믿는 마음'입니다. 보통 자기신뢰의 중요성을 잘 알지만, 어떻게 해나가야 할지 모르는 경우가 많습니다. 자신이 해낼 수 있다고 믿어야 두려움 속에서도 한 걸음을 뗄 수 있을 텐데요. 자신을 신뢰하는 마음을 키우기 위해서는 어떤 노력이 필요할까요?

자신감을 키우기 위해서는 몇 가지 신경 써야 할 '나의 몫'이 있습니다. 다른 사람의 지지와 응원이 도움이 될 때도 있고 상황이 나아지면 괜찮아질 수도 있지만, 이는 모두 외적 요인의 변화인 만큼 '나', 즉 내적 요인에 기인한 자신감에 비해 수준이 낮을 수밖에 없습니다. 따라서 외적 요인을 기대하기보다는 스스로 자신감을 회복하기 위한 방법을 찾아내는 것이 중요합니다.

**자신감 수준을 항상
일정하게 유지할 수는 없습니다.**

우리는 늘 다양한 자극 속에 있고, 이를 피해 갈 수는 없습니다. 그렇기에 자신감이 흔들릴 때마다 회복하는 데 초점을 두고 스스로를 도와주어야 합니다. 건강한 '자기돌봄'이 있어야 스트레스 상황에서도 단단하게 나를 지킬 수 있습니다. 특히 '자기신뢰'를 유지하기 위한 연습을 일상에서 꾸준히 해나가는 것이 중요합니다.

**경험하지 않으면 알 수 없어요.
회피하지 마세요.**

내가 무엇을 할 수 있는지, 어떤 순간에 즐거움을 느끼는지는 직접 경험해보지 않으면 알 수 없습니다. 무언가를 향해 노력할 때 우리는 활기를 얻고 즐거움을 느낍니다. 마음 깊은 곳에서는 더 큰 도약과 성장을 원하지만, 정작 피하는 행동을 한다면 자신감을 키울 수 없습니다. 자신감은 새로운 도전과 경험을 통해 자신을 잘 알아가고 동기부여가 될 때 얻어지는 것입니다.

회피행동의 원인은 다양하지만, 대개는 두려움에서 시작됩니다. 이때 내면의 깊은 마음을 탐색해보는 것이 중요합니다. '나는 무엇을 두려워하는 것일까'를 가만히 살펴봅니다. 모든 시작에는 두려움이 있고, 해보지 않은 일일수록 불안이 생깁니다. 이는 너무도 타당한 감정입니다. 그러니 두려운 감정을 잘못된 것으로 여기지 말고 받아들이며 자신이 원하는 일을 시작해보세요.

회피를 통해 일순간의 불안을 줄일 수 있지만, 더 큰 경험을 빼앗긴다는 것을 잊지 마세요. 피하는 선택이 많아질수록 새로운 생각이나 통찰, 배울 점을 얻을 수 있는 기회를 잃게 되는 것이니까요. 일시적인 안도감을 위해 의미 있는 중요한 기회를 놓치지 않도록 합니다. 자신을 믿고, 경험 속에서 무언가를 배워보자는 마음가짐으로 도전해보세요. 경험이 있어야 결과도 얻을 수 있습니다.

**나 자신에게 먼저
좋은 사람이 되세요.**

다른 사람에게는 친절하고 관대하지만, 자신에게는 냉담하거나 무심하다면 자신감을 지켜내기 어렵습니다.
우리는 주변 사람들의 격려와 지지를 통해 자신감을 얻고 좌절 속에서도 힘을 얻습니다. 그런데 자신과의 관계는 어떠한가요? 자신을 비난하거나 자책하며 누구보다 차갑게 대하고 있지는 않나요? 마음을 하나의 대상으로 여겨보세요. 타인의 존중보다 더 중요한 것은 나를 존중하는 마음입니다. 때론 실수하거나 실패감을 느낄 수도 있습니다. 이때 필요한 말은 비난이 아니라 스스로에게 건네는 따뜻한 위로입니다. 그러고 난 후 어떻게 극복하면 좋을지, 다음엔 무엇을 조심해야 할지 차분하게 생각해봅니다.

자신을 잘 챙겨주기 위해서는 스스로에게 관심을 기울이겠다는 다짐이 필요합니다. 나에 대한 기본적인 정보가 없다면 어떻게 격려하고 위로해주어야 할지 모르게 됩니다. 그럴 땐 의도적으로 4주 정도 자신을 탐색하는 시간을 가져봅니다. 자신이 흥미를 느끼는 순간, 좋아하는 것,

즐거움을 느끼는 상황, 어려워하는 순간, 유독 힘들어하는 관계 등 무엇이든 호기심을 갖고 살펴봅니다. 자신을 고르게 이해하는 것은 자기수용과 신뢰에 중요합니다. 그래야 자신의 기질과 성격에 어울리는 더 나은 선택을 할 수 있습니다.

프레임 밖으로
과감하게 나오세요.

자신이 만들어낸 단단한 프레임 속에 갇히게 되면 자신감을 유지하기 어려울 수 있습니다. 누구나 삶을 살아가는 데 필요한 주관적인 원칙이 있습니다. 그러나 상황이나 맥락을 고려하지 않고 이러한 원칙만을 고수하려 한다면 제한된 삶을 살게 됩니다. 비효율적이고 유연성이 낮은 관점이나 원칙을 가지고 있다면 과감히 그 틀에서 벗어나 새로운 경험을 시도해보아야 합니다.

또한 자신을 규정하는 습관적인 프레임에 대해 생각해봅니다. 이를 '자기개념'이라고 합니다. 우리는 살아가면서 자신을 바라보는 특정힌 시각을 형성합니다. 예를 들어, '나약한 나', '소심한 나', '실패한 나', '실수만 하는 나'와 같은 부정적인 프레임에 자신을 동일시하게 되면 자신감만 떨어질 뿐입니다. 부정적인 자기개념은 불안을 증가시키고, 도전해야 할 일들을 미루게 만듭니다. 따라서 어떤 생각들이 우리의 행동을 억제하고 상황을 악화시키는지 살펴보고, 세상과 직접 부딪치며 경험을 쌓는 연습을 늘려나가 봅니다.

현재를 중심으로
살아보세요.

과거의 '나'에서 벗어나 현재의 '나'에 초점을 맞추어 살아갑니다. 오늘 하루를 의미 있게 보내기 위해 자신과 주변을 돌보며 지금 이 순간에 충실하도록 노력합니다. 과거의 일로 후회가 든다면 이를 인정하고, 현재의 시간을 더욱 값지게 만들기 위해 힘씁니다. 현재는 우리가 만들어 나갈 수 있는 시간입니다. 매일매일 새로운 나를 만날 기회가 열려 있음을 기억하고, 그 기회를 놓치지 않도록 합니다. 오늘의 나 자신을 사랑하고, 작은 성취에도 기뻐하며, 긍정적인 변화를 만들어가는 데 집중합니다. 현재를 충실히 살아가는 것이 곧 보다 나은 미래로 가는 길임을 잊지 맙시다.

가치를 수립하고
그것에 전념하세요.

삶의 가치를 단기적, 장기적으로 설정하고 그에 맞는 행동을 실천해나갑니다. 예를 들어, 관계에서의 가치를 '배려'로 정했다면 가족이나 주변 사람들에게 배려심을 보이는 행동을 통해 가치에 맞는 삶을 만들어갑니다. 일에서의 가치를 '자기성장'으로 설정했다면 성장을 이룰 수 있는 작은 행동을 계획하고 시작해봅니다. 매일 '가치일기'를 써보는 것도 좋은 방법입니다. 가족과 보내는 하루에는 '가족가치'를 중심으로 가치 중심적인 행동을 늘려보고, 집중해야 할 일이 있으면 그 일의 가치를 기록하고 이를 위한 행동계획을 세워 실천해나가는 것입니다. 이렇게 하면 자신이 설정한 가치를 지속적으로 확인하고 실천할 수 있습니다.

가치에 맞는 행동에 전념하다 보면
자기효능감이 높아지고,
삶에 대한 통제감이 증가하여
매사에 자신감이 증진됩니다.

자신감을 키우기 위해서는 생각한 바를 실현하는 행동이 중요합니다. 가치를 명확히 하고 그에 따라 행동할 때 우리는 더 의미 있고 충만한 삶을 살아갈 수 있습니다.

"자신감을 키우기 위한 작은 도전들을 시작해보세요.
어떤 일을 잘하려고 하기보다는 자신이 무엇을 느끼게 되는지에 집중하면서
'나'와의 마음여행을 떠나보세요."

마음 챙김

사랑하고
사랑받기를

자녀의 모습을
가만히
마음의 눈으로 그려보세요.

그 미소와
표정,
에너지를 느껴보세요.

이제
현재 느껴지는 감정에
주의를 기울입니다.
감정의 전 과정을 알아차려 보세요.

한 손을

왼쪽 가슴 위에 올려놓거나

두 손을 포개어 보듬은 후

가만히

몸의 감각과

감정을 느껴보세요.

자녀를 향한

자애와 사랑을 충분히 느껴봅니다.

부모나 주양육자가 아이의 감정을 존중하면서 있는 그대로 수용해줄 때 아이는 자신이 이해받고 있다고 느끼게 된답니다. 이러한 경험들은 자라는 동안 자기 가치감이나 존중감으로 드러나죠. 소중한 자녀를 위한 마음챙김으로 사랑의 마음을 전해보세요.

내일엔 내일의 태양이 있지 않겠어

긍정적인 생각을 키우는
10가지 마음습관

**소중한 순간들을
얼마나 기억하세요?**

누구나 행복하고자 합니다. 물론 행복은 사람마다 각기 다른 관점에서 볼 수 있기 때문에 절대적인 정의는 존재할 수 없습니다. 주관적이라는 의미입니다. 그래서 스스로 얼마든지 만들어나갈 수 있다는 뜻이기도 하지만, 그렇기에 노력을 기울이지 않으면 내 곁에 있는 행복을 알아차리기 어렵다는 의미이기도 합니다.

**행복은 과연
어디에서 오는 걸까요?**

행복에 대한 욕구는 누구나 가지고 있습니다. 하지만 이를 얻기 위해서는 삶을 풍요롭게 만드는 긍정적인 내면의 자원이 필요합니다. 행복에 관한 연구나 성공한 사람들의 삶을 보면 한결같이 마음의 습관이 중요하다는 것을 알게 됩니다. 특히 '긍정적인 생각'을 키우고 유지하는 것이 삶의 유연성과 행복 수준을 높이는 중요한 요인입니다.

지난 한 주간
어떤 생각 속에 빠져 있었나요?

사람은 생물학적으로 불안이라는 감정을 자주 느끼도록 진화되었습니다. 이는 상황에 대비하고 주변을 살피기 위해서입니다. 불안은 삶을 나아가게 하는 동력이 되지만, 지속되면 마음이 불안정해져 안정감을 원하게 됩니다. 흥미롭게도 불안을 줄이려 애쓰기보다는 행복한 순간에 집중하고, 그런 활동을 늘릴 때 불안 수준이 더 낮아집니다. 이를 위해서는 긍정적인 생각이 밑거름이 되어야 합니다. 우리의 감정은 생각에서 비롯되기 때문입니다. 동일한 상황이라도 어떻게 해석하느냐에 따라 감성이 달라집니다. 따라서 생각의 내용이 긍정적인가, 부정적인가는 감정변화에 중요한 영향을 미칩니다.

감정의 나와
'진짜 나'는 다릅니다.

지난 일주일 혹은 한 달간 자주 느낀 감정은 무엇이었나요? 상황에 따라 다양한 감정을 느끼지만, 습관처럼 자주 느끼는 감정이 있다면 이를 잘 알아차릴 필요가 있습니다. 때로는 이러한 감정에 자기(self)가 동일시되어 감정이 나인지 내가 감정인지 인식하지 못한 채 지내기도 합니다. 때문에 자신이 감정보다 더 큰 존재임을 자각하는 것이 중요합니다. 내가 느끼는 지금의 감정이 곧 나일 수는 없습니다. 우울하거나 불안하다고 해서 내가 곧 우울한 사람이라거나 불안한 사람은 아니라는 것을 이해해야 합니다.

**좌절이나 실패에도
의미는 있습니다.**

지난 시간을 돌아보면 먼저 어떤 일부터 떠오르나요? 대개는 좋았던 일보다는 아쉽고 속상했던 순간들이 먼저 생각납니다. 이는 당시 느꼈던 큰 감정 때문이기도 하고, 여러 번 되새기며 회상하다 보니 기억에 응고되어 저장되었기 때문이기도 합니다. 하지만 부정적인 기억에만 초점을 맞춘다면 지난 일에 대한 후회와 자책으로 우울한 마음만 깊어질 것입니다. 또 인생을 살다 보면 누구나 크고 작은 실수나 어려움을 겪습니다. 그러나 실패를 거름 삼고 활용하면 부족한 면을 개선시킬 수 있습니다. 이는 나의 성장에 매우 중요한 일입니다.

어떤 일에도 고통만 있는 것은 아닙니다. 고통 속에서도 배울 점을 찾을 수 있을 때 인생의 지혜와 통찰을 얻게 되는 것입니다. 한 내담자는 힘든 일을 겪은 후 자신에 대한 많은 이해와 주변 사람들이 얼마나 소중한지 새삼 깨닫게 되었다고 합니다.

"이번 일은 분명 마음이 아픈 일이었어요. 그렇지만 제가 친절한 사람이라는 점, 친절함을 더 키워나가야 한다는 점, 그리고 그 과정에서 상대방의 행동에 대한 기대가 커져 보상을 바라는 마음을 잘 살펴야 한다는 점을 배웠어요. 또한 우리 가족에게 제가 소중한 사람이라는 것을 크게 느꼈어요. 이번 일로 한 번 더 나를 이해하게 되었고, 가족의 의미를 되새기게 되었어요."

그는 이렇게 말했습니다. 그러니 과거를 후회와 좌절의 원인으로만 생각하지 말고 과거의 일들로부터 무엇을 배울 수 있을지 생각해보세요.

지금 이 순간을
적극적으로

일상에서 지금 이 순간에 주의를 기울이며 능동적으로 살아가는 것은 매우 중요합니다. 능동적이라는 것은 단순히 시간을 보내는 것이 아니라 스스로 순간을 창조해나가는 마음의 태도를 의미합니다. 해야 할 일에는 마음을 다해 집중하고, 자신을 위한 시간을 만들어 온전한 나로서의 공간을 즐겨보세요.

어떤 일이든 내 마음이 그곳에 있어야 보람도 의미도 얻을 수 있습니다. 현재에 충실하게 살아가면 과거의 후회나 미래의 불안에 휘둘리지 않고 진정한 행복과 만족을 느낄 수 있습니다. 매 순간을 소중히 여기고, 지금 여기에 충실한 삶을 살도록 노력해봅니다.

현재를 중심으로 해야 할 일에 집중하거나, 현재 중심적으로 마음을 챙기면 여러 가지 좋은 점이 있습니다. 지금 해야 할 일에 몰두하면 더 나은 결과를 얻을 수 있으며, 과거의 실수나 미래의 걱정에서 벗어나 지금 이 순간에 주의를 기울이면 보람과 의미를 얻을 수 있습니다. 또한 현재에 충실한 삶을 살면 작은 순간들에서도 행복을 찾을 수 있습니다.

일상 속 작은 기쁨들이 모여 큰 행복을 이루게 됩니다. 이러한 삶의 태도는 긍정적인 마음가짐을 유지하게 해주며, 더 나은 미래를 위한 밑거름이 됩니다.

내일은 더 나을 것이라는 희망으로

미래에 대해 긍정적이고 낙관적으로 여기는 마음은 자신감과 자기신뢰에 큰 영향을 미칩니다. 지나친 걱정은 불안이나 우울을 키워 두려움이나 회피하고 싶은 마음을 증가시킵니다. 내 생각의 주인은 바로 나 자신입니다. 생각의 주제나 내용을 바꿀 수 있는 사람도 바로 '나'입니다. 자신을 늘 비극적인 시나리오의 주인공으로 만들지 않도록 생각의 내용을 긍정적이고 낙관적으로 전환해보세요.

긍정적인 생각도 부정적인 생각도 자주 할수록 습관이 됩니다. 그러니 기왕이면 수시로 좋은 생각을 하세요. 자신이 잘 해내는 모습을 그리며 용기와 자신감을 키우도록 합니다. '잘 할 수 있을까?' 하고 걱정하는 대신 원하는 바를 이루기 위해 무엇부터 시작하면 좋을지 해결 중심적으로 생각해보세요. "불안하지 않았으면 좋겠어"라고 부정문을 입에 담기보다는 "기분이 더 나아지면 좋겠어"처럼 긍정문으로 말해보세요. 긍정의 힘은 연습을 통해 얼마든지 커질 수 있음을 잊지 마세요.

하루의 시작은
밝고 활기차게

아침에 일어나 하루를 긍정적인 생각으로 시작해보세요. 마음이 맑아지고 활력이 생길 것입니다. 이를 위해 '모닝 슬로건'처럼 짧은 문장을 한두 개 가볍게 읊조리거나 글로 써보세요. 이 작은 습관 하나만으로도 이전과는 다른 기분과 생각의 변화를 느낄 수 있을 것입니다.

또한 하루를 살아갈 자신을 위해 그날의 상황에 맞는 긍정확언문을 만들어 자주 반복하도록 합니다. 평소 좋아하는 글이나 영화 속 대사 등을 기록해두었다가 활용하는 것도 좋습니다. 예를 들어, 다음과 같은 긍정확언문으로 매일 아침을 시작해보는 겁니다.

"오늘은 멋진 하루가 될 거야."
"나는 충분히 잘해낼 수 있어."
"내 잠재력은 무한해."
"나는 이 문제를 해결할 수 있어."
"나는 행복하고 건강해."

긍정확언을 통해 아침을 더 긍정적이고 활기차게 시작해보세요. 하루를 여는 작은 마음의 습관이 큰 변화를 가져올 수 있습니다. 오늘도 스스로에게 긍정의 힘을 불어넣어 보세요.

타인의 장점을
내 것으로

타인과의 비교가 무조건 나쁜 것은 아닙니다. 타인의 장점이 내 삶에 좋은 사례가 되기 때문입니다. 하지만 자신감이 낮아지고 열등감은 커지기도 합니다. 비교를 통해 내가 갖지 못한 것, 내가 그보다 덜 유능한 것만 보기 때문입니다. 비교로 나를 평가하지 마세요.

타인의 장점이나 좋은 면을 보면서 '나는 왜 저 사람처럼 안 될까?' 하고 좌절하기보다 '저 사람에게는 이런 장점이 있구나', '나도 저 사람처럼 해보는 거야'라고 해보세요. 그 사람의 태도나 행동을 모델링하여 자신을 발전시키는 동력으로 전환하는 겁니다.

성장 마인드셋을 지닌 사람은 경험을 통해 배우고, 타인을 통해 자신을 발전시키며, 그런 삶을 통해 지혜를 발견해나갑니다. 여기서 '성장 마인드셋'이란 자신의 능력이나 지식이 노력과 경험을 통해 발전할 수 있다는 믿음을 의미합니다. 이런 마인드셋을 가지면 주변 사람들의 능력이나 역량을 자신의 자원으로 발전시켜 나갈 수 있을 것입니다. 세상에는 많은 사람이 펼쳐 보이는 좋은 행동들과 자기를 발전시키는 말과 태도가 있습니다. 이를 내 것으로 만드는 연습과 실행하겠다는 마음가짐으로 전념해보세요.

모든 것에
감사해

행복 수준이 높은 사람이나 성공한 사람들은 일상 속에서 감사의 순간을 많이 발견합니다. 작은 일에서도 감사를 느끼며 긍정적인 생각과 마음의 안녕을 유지하는데요, 아침에 눈을 떠서 따뜻한 햇살을 느낄 때, 커피 한 잔의 여유를 즐길 때, 또는 길가에서 피어난 작은 꽃을 볼 때조차도 감사함을 느낍니다.

감사하는 마음은 우리 뇌의 '감사회로'를 활성화시킵니다. 감사회로가 활성화되면 스트레스 호르몬인 코르티솔 수치가 낮아지고, 행복 호르몬인 세로토닌과 도파민의 분비가 증가합니다. 이는 스트레스를 줄이고, 정신적·신체적 건강을 유지하는 데 도움을 줍니다.

감사한 일을 떠올리는 습관은 긍정적인 생각의 힘을 키우고 삶의 의미와 가치를 충만하게 합니다. 작은 일들 속에서 감사함을 찾는 연습을 통해 일상 속에서 더 많은 행복과 만족을 느낄 수 있습니다. 감사일기를 쓰거나 매일 저녁 감사한 일을 세 가지씩 떠올리는 것도 좋은 방법입니다. 이렇게 하면 감사회로가 더욱 강화됩니다.

시간을 리드하고
마음을 리딩하고

우리는 크고 작은 계획을 세우며 실천하고자 다짐하고 노력합니다. 성취 욕구와 동기에 따라 실천계획도 많아지고 이루어야 할 목표도 커집니다. 그런데 이때 주의해야 할 점이 있습니다. 새로운 계획을 세울 때는 항상 심리적 유연성이 필요하다는 것입니다.

고정된 마인드셋을 가진 사람은 자신이 만든 상황을 무시한 채 계획만 따르려 합니다. 그러다 예상치 못한 상황에 처하면 낭패감을 느낍니다. 그런 사람일수록 하나 이상의 대안책을 마련해놓아야 합니다. 그래야 예기치 않은 일에 대응할 수 있고, 계획의 효율성도 높아집니다.

또한 계획대로 되지 않을 때 자신을 어떻게 동기화할지 미리 생각해두는 것도 중요합니다. 어떤 계획을 실천해나가는 것만큼 중요한 것이 '방해요인'을 탐색하는 것입니다. 대개는 자신의 생각이 가장 큰 방해요인이 됩니다. 이를 잘 경계하며 행동력을 키워나가야 합니다. 나아가 계획의 의미를 잘 살펴 초심을 잃지 않도록 해야 합니다. 그리고 자신의 노력과 수고를 등한시하지 말고 인정하며, 스스로에게 격려와 응원을 아끼지 않도록 합니다. 자신에게 스스로 좋은 '러닝메이트(Running Mate)'가 되어야 지속적으로 계획을 실현해나갈 수 있습니다.

스스로에게
좋은 피드백을

우리는 타인에게 격려나 조언을 하며 좋은 인간관계를 이어갑니다. 그런데 자신과의 관계에서는 어떠한가요? 다른 사람에게 전하는 기분 좋은 피드백을 자신에게도 전하고 있나요? 자기 멘토링은 매우 중요합니다. 방법도 의외로 간단합니다. 주변 사람들이 힘들어할 때, 외로워할 때, 우울해할 때, 불안해할 때, 자신감이 낮아졌을 때 내가 그들에게 했던 말을 그대로 나 자신에게 하면 됩니다.

생텍쥐페리의 《어린 왕자》 이야기를 기억하시나요? 사막여우와 어린 왕자는 처음엔 어색하게 바라만 보고, 한두 마디씩 말을 걸다가 점차 친해집니다. 우리 마음도 이와 같습니다. 자신을 돕는 따뜻한 말을 자주 건네보세요. 내 마음과 친구가 되는 데는 시간이 필요합니다. 하지만 얼마 지나지 않아 좋은 말을 자신에게 들려주는 새로운 나를 느끼게 될 것입니다.

긍정적인 생각을
습관처럼

긍정적인 생각의 습관을 유지하려면 어떻게 해야 할까요? 먼저 긍정적인 사고를 꾸준히 연습하는 것이 중요합니다. 처음에는 잘 안 되거나 서툴 수 있지만, 시작하는 마음과 지속적인 실천이 필요합니다. 반복적인 노력만이 결국 긍정적인 습관을 만들어냅니다. 또한 좋은 습관을 만들기 위해서는 마음의 여유가 필요합니다. 강박적으로 애쓰다 보면 습관의 틀에 갇혀 오히려 자신을 잃어버릴 수 있습니다. 여유롭고 유연한 태도를 유지해보세요.

긍정의 습관을 유지하는 데는 주변 환경도 중요한 역할을 합니다. 긍정적인 사람들과의 교류를 늘리고, 자신에게 영감을 주는 책이나 영화를 통해 긍정적인 에너지를 충전하세요. 또한 자신이 좋아하는 활동을 통해 스트레스를 해소하고 마음의 평안을 찾는 것도 중요합니다. 무엇보다도 긍정적인 습관을 유지하기 위해서는 자기 자신에 대한 믿음과 인내가 필요합니다. 꾸준히 연습하는 마음의 태도 또한 긍정의 습관임을 잊지 마세요. 작은 변화부터 시작해 점차 습관을 키워나가다 보면 어느새 더 긍정적인 삶을 살고 있는 자신을 발견하게 될 것입니다.

"긍정의 씨앗은 작은 행동에서 시작됩니다.
마음의 여유와 유연함을 통해 삶의 빛을 발견해보세요."

때로는 혼잣말도 필요해

삶을 변화시키는 성공법칙
긍정확언의 효과

미국의 저명한 심리학자인 칼 로저스(Carl Ransom Rogers)는 우리에게 '자기실현 경향성(self-Actualization Tendency)'이라는 잠재된 성장의 힘이 있음을 강조합니다. 이는 우리에게 더 나은 삶을 향해 나아가고자 하는 자기발전의 욕구와 동기가 있음을 의미합니다. 그러나 욕구와 동기만 있다고 해서 저절로 자기실현이 이뤄지지는 않는다고 충고합니다.

자기성장을 이끄는 잠재력을 잘 펼치려면 자신에 대한 존중과 공감, 그리고 수용적 태도가 매우 중요하다는 것입니다. 그렇지 않으면 조건적인 자기 존중과 수용으로 인해 자신을 성공과 실패로만 평가하게 되어 성장이 억제된다는 것입니다. 또한 자기공감이 부족하면 심리적 위기나 역경을 만날 때 더욱 깊은 감정의 상태에 빠져 회복이 더디거나 누군가의 도움이 필요할 수 있습니다. 이처럼 자신의 잠재력을 발휘하고 기대하는 바를 실현하기 위해서는 자신과의 관계가 중요하며, 긍정적인 사고와 언어로 스스로에게 친절한 내면의 환경을 만드는 것이 중요합니다.

심리치료에서는 긍정적인 혼잣말(self-talk)을 반복함으로써 부정적인 생각을 변화시키는 방법이 있습니다. 자신을 향한 긍정적인 메시지는 문제 행동의 개선뿐만 아니라 긍정적인 기분상태를 유지하는 데도 도움이 됩니다. 긍정적인 자기 메시지(self-Message)를 되새기며 그 내용을 받아들일 때 인지적·행동적 변화가 크게 일어나는 것입니다. 비록 단순한 방법이지만, 우리의 뇌는 반복적으로 강조된 내용을 저장하여 무의식과 의식에 영향을 미치고, 이는 우리의 선택과 결정에 반영됩니다. 습관적으로 사용하는 자기 메시지가 그만큼 중요하다는 의미입니다.

자신이나 미래에 대해 부정적인 생각을 반복하면 성장의 잠재력이 억제됩니다. 이는 새로운 시도나 목표를 실현하려는 동기를 저하시킵니다. 따라서 미래를 향한 부정적인 신념에서 벗어나 자기성장의 잠재력을 촉진할 수 있는, 긍정적인 자기 메시지를 습관화합니다. 미래가 불확실할수록 긍정의 힘이 더욱 필요합니다. 엄밀히 말하면 부정적인 생각은 어떤 도움도 되지 않습니다. 과연 미래를 준비하는 당신에게 어떤 메시지가 더 도움이 될까요?

삶을 변화시키는
'잠재의식'의 기적

뇌의 신경회로는 어떤 자극을 받느냐에 따라 기능적 변화와 재조직화가 이루어집니다. 이를 '신경가소성(Neuroplasticity)'이라고 합니다.

신경가소성은 뇌가 새로운 경험이나 학습을 통해 구조적·기능적으로 변화할 수 있는 능력을 말합니다. 우리는 간단한 정신훈련만으로도 높은 수준의 긍정적인 의식을 키울 수 있습니다. 신경가소성의 원리는 간단하지만 명확합니다. 우리의 뇌는 의식을 어디에 집중하느냐에 따라 신경망의 활성화가 달라지고, 새로운 신경연결이 일어나면서 뇌의 물리적 구조가 변화한다는 것입니다.

뇌에는 수천억 개의 신경세포인 뉴런이 존재하며, 이 세포들의 상호작용으로 뇌의 활동이 이루어집니다. 신경세포 간의 연결을 담당하는 부분을 시냅스(Synapse)라고 하는데요, 인간의 뇌는 어떤 메시지가 반복되느냐에 따라 신경세포 간 시냅스 회로가 다르게 형성됩니다. 즉, 긍정적인 메시지가 입력될 때 활성화되는 뇌의 경로와 부정적인 메시지가 지나가는 경로가 서로 다르다는 것입니다.

자신의 의지를 담은 긍정확언을 뇌의 잠재의식에 입력할수록 이에 반응하는 긍정회로는 더 촘촘하게 연결됩니다. 반복적인 긍정확언은 특정 신경회로를 자극합니다. 이로 인해 해당 회로가 더 강화되고, 더 쉽게 활성화될 수 있습니다. 이는 뇌의 신경가소성을 통해 이루어지며, 긍정적인 생각을 자주 할수록 관련 신경회로가 더욱 강화됩니다.
또한 긍정확언은 스트레스 호르몬인 코르티솔의 분비를 줄입니다. 긍정적인 생각과 감정은 뇌의 편도체와 같은 감정처리 부위를 안정시키고, 스트레스를 줄이는 역할을 하며, 부정적인 생각을 억제하고, 부정적인 신경회로를 약화시키는 데 도움을 줍니다.

또한 자신에 관한 긍정적인 확언은 전방대상피질에서 세로토닌 생성을 촉진합니다. 전방대상피질은 습관을 만드는 역할을 합니다. 세로토닌은 안정과 의지, 활력을 만들어주죠. 이러한 신경계의 기능은 부정적인 일을 생각하지 않도록 막아주고, 자신이 원하는 바를 행동으로 옮기도록 합니다.

뇌과학자들은 오래전부터 잠재의식의 중요성을 강조해왔습니다. 자신도 모르게 반복된 메시지는 잠재의식에 강력한 영향을 미칩니다. 우리는 긍정적인 생각의 중요성을 잘 알고 있습니다. 부정적인 생각이나 말이 얼마나 비효율적이고 도움이 되지 않는지 노 경험을 통해 알고 있습니다. 자신이나 미래, 주변 상황에 대한 자동적이고 습관적인 생각은 잠재의식에 고스란히 스며들어 삶의 태도아 행동에 영향을 미칩니다. 따라서 의식적으로 확신과 기대를 갖고 새로운 생각을 만들어가는 것이 중요합니다.

긍정적인 생각으로
하루를 창조하세요.

오래전 동양에서는 내면의 평화와 안정을 돕기 위해 '만트라(Mantra)'를 사용해왔습니다. 이는 특정한 단어나 문장을 집중해서 반복적으로 읊조리는 방법입니다. 이렇게 반복할수록 심신의 이완뿐만 아니라 열린 사고와 긍정적인 태도가 증진됩니다. 매일 아침 자신을 위한 긍정적인 생각을 실천하는 것은 뇌를 재프로그래밍하는 것과 같습니다. 뇌는 경험을 통해 학습하면서 끊임없이 스스로를 창조해나갑니다.

긍정적인 메시지와 부정적인 메시지를 동시에 인식하면 서로 영향을 주게 되는데, 우리 뇌는 신경 쓰고 주의를 기울인 생각의 내용을 오래도록 기억합니다. 따라서 부정적인 생각이 떠오를 때는 긍정적인 생각과 확신으로 이를 대체함으로써 낙관적인 태도와 자신감을 키우는 것이 중요합니다.

사회심리학자인 로버트 K. 머튼(Robert K. Merton)은 자기충족적 예언(self-Fulfilling Prophecy)에 관한 발견을 통해 자신에 대한 좋은 기대가 성취의 조건임을 강조했습니다. 실제로 수많은 연구에서도 긍정적인 신념을 지닌 사람들이 더 많은 긍정적인 경험과 더 큰 성취를 이루어냈습니다. 긍정심리학자들은 삶의 풍요와 심리적 웰빙(Well Being)을 위해 몇 가지 지침을 제시했으며, 이러한 지침을 통해 긍정적인 생각이 얼마나 중요한지 알 수 있었습니다.

- 항상 미래에 대한 희망적인 전망을 유지하라.
- 자신에 대해 긍정적인 방식으로 생각하라.
- 당면한 문제와 도전을 낙관적인 관점으로 바라보라.
- 힘든 도전이나 예기치 않은 문제에 직면해서 최악의 상황을 상상하지 마라.
- 자신에게 필요한 것에 의도적인 주의를 둠으로써 긍정적인 자기관리를 하라.
- 자아발견을 가능하게 하는 순간들을 놓치지 마라.

― 미국 심리학회(American Psychological Association)

"왠지 오늘 나에게 큰 행운이 올 것 같다."
"나는 무엇이든 할 수 있다."

마이크로소프트 설립자인 빌 게이츠는 매일 스스로에게 이 두 가지 말을 반복한다고 합니다. 이 외에도 삶의 변화를 이끈 사람들의 하루에는 긍정적인 확언과 기대가 함께했음을 우리는 이미 알고 있습니다.

"무언가를 간절히 원하면
온 우주가 힘을 합쳐 그 소망이 이루어지도록 돕는다."

― 파울로 코엘료

"부정적인 사람은 모든 기회에서 어려움을 발견한다.
반면 긍정적인 사람은 모든 어려움에서 기회를 발견한다."

― 윈스턴 처칠

"이 세상에서 일어나는 모든 일은
내가 무엇을 생각하는가에 따라 일어나게 된다.
난 언제나 내가 위대해지도록 운명 지어졌다고 믿어왔다."

- 오프라 윈프리

이제 나를 위해, 내 미래를 위해, 내 가족을 위해 나 자신에게 긍정확언을 해봅니다.

"나에겐 무한한 성공의 잠재력과 힘이 있다."
"나는 매일의 일상에서 즐거움과 기쁨을 창조한다."
"나는 내 앞에 놓인 모든 상황에 직면할 수 있다."
"나는 일상의 작은 일에도 기쁨과 행복을 느낀다."
"나는 모든 상황에서 내가 할 수 있는 최선을 다한다."
"나는 내 감정을 잘 헤아려 유연하게 대처한다."
"아이(들)의 미래에 사랑과 은총이 충만할 것이다."
"아이(들)가 꿈을 이루도록 격려할 것이다."

"긍정적인 생각은 당신의 미래를 바꾸는 열쇠입니다. 자신을 믿고, 그 믿음이 현실로 변하는 과정을 지켜보세요."

종달새냐, 올빼미냐

아침형 인간과 저녁형 인간
자기관리법

우리는 왜 잠을
잘 자야 할까요?

잠은 학습과 기억, 논리적 판단과 선택을 하는 능력 등 뇌의 다양한 기능에 영향을 미칩니다. 또 정신건강에 필수적인 감정의 뇌 회로를 재조정합니다. 우리의 생물학적인 하루주기 리듬은 보통 잠자리에 들 시간이 되면 중심 체온을 떨어뜨려 잠든 지 약 2시간 뒤 최저점에 도달하게 합니다. 물론 사람마다 최고점과 최저점을 찍는 시간은 다릅니다. 보통 낮 동안 비교적 일찍 각성상태가 되어 최고조에 이르고, 밤이 되면 일찌감치 졸음이 찾아오는 타입을 흔히 '아침형 인간'이라고 합니다. 이들은 인구의 약 40퍼센트를 차지합니다. '아침형 인간'은 새벽이나 이른 아침에 깨어서 활동하는 것을 선호하며, 그 시간이 하루 중 의식과 신체 상태가 가장 잘 기능하는 때로 인식합니다. 이와 반대인 '저녁형 인간'은 인구의 약 30퍼센트를 차지하고, 나머지 30퍼센트는 아침형과 저녁형의 중간 어딘가에 속합니다. 일반적으로 '아침형 인간'은 흔히

'종달새형'이라고 하고, '저녁형 인간'은 '올빼미형'이라고 합니다. 그중 전형적인 종달새형은 대개 오후 9~10시쯤 잠이 들고, 다음 날 이른 아침에 깨어나 활동을 시작합니다. 하지만 늦게까지 일을 하거나 밤늦도록 활동하게 되면 수행능력을 제대로 발휘하기 어려워집니다.

이와는 달리 저녁형 인간은 늦게까지 잠을 자지 않기 때문에 다음 날 아침에 늦게 일어나거나 심지어 정오가 넘어서 깨어나는 경우도 있습니다. 설사 아침에 깨어 있다고 하더라도 신체기능이 원활하지 않습니다. 뇌의 전전두피질이 더디게 활성화되어 각성도와 판단력이 약해지고, 오전 시간대의 수행보다는 오후 늦은 시간이나 이른 저녁에야 진정한 수행능력이 발휘됩니다.

종달새형과 올빼미형의 패턴은 일부 유전적인 영향도 있기 때문에 자신의 타입에 맞는, 융통성 있는 활동계획이 필요합니다. 그런데 세상이 낮 중심으로 돌아가는 만큼 아침형 인간이 선호되는 것은 어쩔 수 없는 현실이어서 저녁형 인간이라면 노력이 좀 필요합니다.

아침형으로 전환하고 싶다면 일단 2주 이상 꾸준히 아침 일찍 일어나서 밝은 빛을 충분히 받아봅니다. 그러면 내적 일주기 생체리듬이 앞당겨져 아침형으로 전환될 수 있습니다. 다만 아침형과 저녁형은 뇌와 신경계의 활성화가 다르기 때문에 무리하게 패턴을 바꾸기보다는 자신의 수면패턴을 잘 이해하고, 그에 맞게 에너지 수준을 조절해야 합니다.

뇌를 위한 잠,
얼마나 자는 것이 좋을까?

우리가 깨어 있는 동안 뇌는 새로운 정보를 끊임없이 습득하고 저장합니다. 이때 정보는 '해마'라는 뇌의 구조물에 저장됩니다. 그러나 해마의 저장용량은 한정되어 있어 그 용량을 초과하면 정보를 더 이상 추가하지 못합니다. 심하면 여러 정보가 덧대어지면서 정보의 망각이 일어납니다. 이를 '간섭망각(Interference Forgetting)'이라고 합니다. 수면은 뇌의 학습능력을 새롭게 복구하여 필요한 정보를 저장하고, 새로운 기억을 위한 공간을 마련하는 역할을 합니다. 새로 학습한 정보를 보호하여 잊어버리지 않게 하는 과정을 '응고화(Consolidation)'라고 합니다. 또한 낮 동안 학습한 정보는 잠을 자는 동안에 더 영구적이고도 안전한 저장소로 옮겨집니다. 이를 통해 '해마' 안에 새롭게 정보를 흡수할 공간이 확보되고, 다음 날 우리는 새로운 학습을 할 수 있게 됩니다.

그렇다면 적정한 수면시간은 얼마일까요? 물론 연령에 따라 다르지만, 청소년기부터 성인기까지는 대략 7~8시간이 적당하다고 봅니다. 실제로 수면시간이 부족하면 여러 신체적·정신적인 문제가 나타날 수 있습니다. 그러나 수면연구에 따르면 수면의 양도 중요하지만, 수면의 질이 좋으면 다음 날의 기능이 양호한 것으로 나타났습니다. 많은 잠도 중요하지만, 좋은 잠이 더 중요하다는 의미입니다.

최근에는 5시간 30분 정도의 '코어수면(Core Sleep, 깊은 숙면 이전의 얕은 수면의 단계)'만으로도 낮 동안의 기능이 크게 저하되지 않는다는 보고가 있습니다. 그러니 반드시 7~8시간을 꼭 자야 한다고 생각하지 마세요. 그런 생각이 불안을 유발해 오히려 낮 동안의 기능을 약화시킬 수 있습니다. 특히 불면증이 있다면 수면시간에 대한 고정된 생각이 몸과 마음에 더 큰 영향을 줄 수 있음을 이해하는 것이 중요합니다.

**자야 한다는 강박이
오히려 잠들지 못하게 해요.**

수면시간에 대한 강박은 오히려 각성을 높이고 불안을 유발할 수 있습니다. 수면에 대한 부정적인 생각은 스트레스를 증가시켜 심장박동, 혈압, 근육긴장, 호흡을 빠르게 만듭니다. 이렇게 되면 스트레스 반응이 뇌를 깨어 있게 하고 수면을 방해합니다. 수면시간에 대한 집착을 버리면 스트레스를 줄여 오히려 편안하게 잠들 수 있습니다.

수면에 대한 부정적인 생각을 바꾸는 방법을 '인지적 재구성'이라고 합니다. 이는 수면문제를 해결하는 데 많이 사용되는 방법인데, 평소 수면문제나 수면시간에 대한 불안이 있다면 수면과 관련된 부정적인 생각이 무엇인지 찾아보는 것에서부터 시작합니다. 이를 위해 수면일기를 써보는 것도 좋습니다.

수면일기에 수면과 관련된 부정적인 생각을 기록하고, 그 생각을 긍정적인 생각으로 바꾸도록 합니다. 생각은 우리의 감정과 신체에 영향을 미치기 때문에 어떤 생각이 자주 일어나는지 파악하는 것이 중요합니다. 예를 들어, '잠을 충분히 자야만 해'라는 생각이 들면 '코어수면만 유지해도 낮 동안 잘 생활할 수 있어'라고 전환하고, '불면증이 점점 더 심해지고 있어'라는 생각이 들면 '사람마다 필요한 수면이 다르고, 잠에 대한 부정적인 생각 때문에 더 불안해지는 거야'라고 바꿔나가 보는 겁니다.

수면 항상성을 위한 일상 팁!

매일 같은 시간에 일어나기
밤에 몇 시간을 잤는지와 상관없이 매일 같은 시간에 일어나세요.

일정한 수면시간 유지하기
매일 비슷한 양의 수면을 취하세요. 몸이 일정한 리듬을 유지하게 도와 수면의 질을 향상시켜 줍니다.

침대는 잠자는 곳으로만 사용하기
침대에서는 잠 이외의 활동을 피하세요. 침대를 잠자기 위한 공간으로 만드세요.

운동시간 조절하기
운동은 잠들기 전 2~3시간 전에 마칩니다.

카페인과 니코틴 피하기
카페인의 효과는 오래 지속되고, 니코틴도 자극제로 작용합니다.

알코올 섭취 조절하기
과도한 알코올은 수면의 질을 떨어뜨립니다.

밤에는 과식하지 않기
과식은 신진대사를 활성화시켜 수면을 방해합니다.

잠자기 전 안정 취하기
잠자리에 들기 전에 마음과 몸을 안정시키는 시간을 가지세요. 명상, 기분 좋은 상상, 아로마오일을 사용할 수 있습니다.

기상 후 바로 침대 밖으로 나오기
아침 시간의 각성을 위해 기분 좋은 음악을 듣거나 스트레칭, 가벼운 산책을 해보세요.

낮 동안 기분 좋은 자극 찾기
일상활동 중 기분을 좋게 하는 순간에 집중하고, 즐거운 순간을 늘려보세요.

"좋은 수면습관을 만드는 동안 건강한 일상 루틴이 점점 늘어날 거예요. 자신을 돌보는 습관에 마음을 챙겨보세요."

불면증으로
잠이 안 올 때

편안히 앉아
눈을 감고
두세 번 호흡하며
긴장을 내려놓습니다.

호흡을 느끼며
내 몸의 각 부위를
가만히 알아차립니다.

몸의
각 부위를 인식하며
'이완'
'평화'
'나는 편안하다'

'나는 고요하다'
진정을 돕는 단어나 문장을 읊조립니다.

몸을
전체적으로 느끼며
편안히
들숨과 긴 날숨으로 이완합니다.

생각이 복잡한 날에는 마음이 소란스럽고 잠도 잘 오지 않아요. 이렇게 여러 날 반복되면 몸도 마음도 지칠 수 있어요. 마음이 불안하고 걱정이 많기도 해요. 그러니 우선 잠을 잘 자도록 해요. 우선 편히 잠들 수 있어야 좋은 계획을 세울 수 있어요. 만일 깊이 잠들지 못한 날이 많았다면 편히 잘 수 있도록 미리 준비하면 좋아요. 편안하게 잠들 수 있도록 한동안은 수면명상을 자주 연습해주세요.

있는 그대로의 나

자존감을 키우는
5가지 마음습관

가까운 주변으로부터 "당신의 자존감은 어떤가요"라는 질문을 받는다면 뭐라고 대답하실 건가요? 평소 자신을 자존감이 높은 사람으로 여겼다면 주저함이 없을 겁니다. 하지만 만일 그렇지 않다면 '과연 내가 자존감이 높은 사람인가'를 두고 이런저런 생각이 깊어질 수 있겠는데요, 최근 들어 자존감은 개인의 자아가 건강한지를 평가하는 기준이 된 것 같습니다. '자존감이 높아야 심리적으로 건강한 사람'이라는 인식도 생겼습니다.

자존감이란 '자신을 있는 그대로 존중하고 받아들이는 마음'입니다. 자존감을 처음 체계적으로 설명한 사람은 1890년 미국의 심리학자 윌리엄 제임스(William James)입니다. 그는 자존감을 '개인이 이루고자 하는 목표를 실제로 얼마나 이루었는가'로 정의했습니다. 그러나 목표나 성취의 정도나 기준은 매우 주관적일 수밖에 없습니다. 그래서 어떤 사람은 객관적으로 봐서 목표를 이뤘는데도 만족하지 못하고 늘 성공에 대한 결핍을 느끼기도 합니다.

흔히 '자존감이 높은 사람'과 '자존감이 낮은 사람'으로 나누어 생각합니다. 하지만 건강한 자존감은 특정한 수준을 계속 유지하는 것이 아닙니다. 변화가 생길 때 자신, 상황, 상대방을 잘 이해하여 마음의 균형을 유지하는 것입니다. 이를 '심리적 유연성'이라고 합니다.

자존감은 상황에 따라 얼마든지 변할 수 있습니다. 그날의 상황이나 기분, 다른 사람의 말이나 행동 등 상황이나 조건에 따라 변할 수 있다는 것입니다. 이를 심리학에서는 '상태 자존감(State self-Esteem)'이라고 합니다. 그래서 자존감 수준에만 매달려서는 안 됩니다. '자존감이 낮아져선 안 돼' 혹은 '자존감이 높아야 뭐든 할 수 있어'라는 생각이 작은 변화에도 효율적으로 대처할 수 없게 만들기 때문입니다.

자존감은 높아야 한다는 고정된 생각은 심리적 유연성을 낮춰 오히려 자신을 옭아매는 덫이 됩니다. 자존감을 잘 유지하는 데는 '어떤 상황에서는 기분이 낮아지고 힘들어질 수 있지만, 나를 돌보며 마음을 일으키겠다'라는 생각이 더 바람직합니다.

**건강한 자존감은
마음이 흔들리지 않도록 애쓰는 것이 아니라
언제든지 자신을 다시 일으켜 세우는
태도에서 비롯됩니다.**

자존감 수준은 날마다 다를 수 있습니다. 걱정하지 마세요. 자연스러운 일입니다. 그런데 가만히 살펴보세요. 어떤 일로 인해 속상하거나 마음이 아프고 힘들어질 때마다 습관적으로 '자존감이 무너지네'라고 생각하지는 않나요?

감정상태가 변할 때마다 자존감과 연관 지으면 대부분의 일상이 버겁고 힘겹게 느껴질 수 있습니다. 자존감은 자신을 존중하는 마음입니다. 그러니 그럴 때마다 오히려 자신을 격려하고 위로하며 귀하게 대접해 주세요. 자기존중은 자신을 대하는 태도에 따라 커지기도 하고 낮아지기도 하니까요. 그리고 심리적 유연성을 키워 자기돌봄의 힘을 성장시켜 보세요. 그럼 어떻게 해야 심리적 유연성을 키울 수 있을까요? 방법이 있습니다.

첫째, 인지적 재구성하기
전통적인 인지치료 기법으로서 특정 사건을 객관적으로 재평가하여 감정이나 행동의 변화를 돕는 방법입니다. 가령 '나는 실수투성이야'라는 생각이 들면 '실수를 안 하는 사람이 어디 있어'라고 수정하는 것이지요.

둘째, 자기 공감하기
괴로울 때 가까운 사람으로부터 공감이나 위로를 받았을 거예요. 다만 이제는 나 자신이 그 역할을 맡는 거예요. 거창할 것 없어요. 어떤 말이든 다른 사람에게 하는 정도의 위로면 충분합니다.

셋째. 의미 창조하기

지난 실수나 시련 속에서 새로운 의미를 발견해봅니다. 누군가의 격려, 자신의 수고와 노력, 가족의 지지 등과 같은 미처 알아차리지 못했던 귀한 순간을 찾아보세요.

넷째. 습관언어 바꾸기

불편한 감정이 느껴질 때 언어적 표현을 달리해봅니다. 가령 '우울해'라는 말 대신 '기분이 나아졌으면 좋겠어'라고 표현해보는 거예요. 조금의 변화만으로도 감정온도를 달리해볼 수 있답니다.

다섯째. 호흡 이완법

눈을 감고 몇 차례 호흡하며 이완합니다. 들숨과 날숨에 주의를 두며 호흡하는 동안 몸의 느낌이나 감각을 알아차립니다. 때로는 날숨에 마음의 괴로움이 발끝을 통해 공간으로 빠져나간다고 생각해보세요. 여러 차례 반복하다 보면 기분이 더 나아질 거예요.

> "자존감은 마치 우리가 숲속을 거닐 때
> 서로의 존재를 인정하고 존중하는 것과 같아요.
> 우리의 내면에도 그런 숲이 있어요. 그 마음의 숲을 가꾸고 보호해주세요."

마음챙김

고요한
내면의 힘을 깨우는

주의의 초점을
귀에 두고
주의를
개방하고 확장하여
어떤 것이든 간에
소리가
나는 그대로 받아들여 보세요.

소리를
가급적
단순한 감각으로 느껴보세요.

소리에 대하여 생각하고 있음을 알아차리게 되면

그 의미나 암시보다는

가급적

소리의 감각적 특성,

소리 고저의 패턴,

크기, 지속시간 등을 알아차려 보세요.

자각의 초점이

그 순간의 소리에

머물지 않게 된 것을 알아차릴 때마다

마음이 어디에 가 있는지

온화하게 받아들이고,

매 순간 나타났다 사라지는

소리에 주의를 기울이세요.

소리에 귀를 기울이고 있으면 현재 이 순간에 집중하게 됩니다. 그러는 동안 우리는 스트레스가 줄고, 정신적 명료성이 높아지며, 내면의 평온이 촉진됩니다. 소리의 진동과 리듬은 마음을 안정시키고, 깊은 이완상태로 이끌어줍니다. 이는 감정의 조절과 진정에 도움이 되죠. 소리 마음챙김으로 내면의 고요 속에 머물러 보세요. 주변의 소리와 조화를 이루며 현존의 시간을 늘려나가 봅니다.

완벽이라는 덫에 갇히면

완벽주의의 3가지 유형과
효과적인 대처법

일을 꼼꼼하게 살피고 체계적으로 처리하는 사람들이 있습니다. 이들은 세부 사항까지 놓치지 않으려 노력하며, 성취 지향적이고 엄격한 기준을 세워 모든 일을 완벽하게 처리하려 합니다. 이들을 흔히 '완벽주의자'라고 합니다. 완벽주의자는 목표를 위해 끊임없이 노력해야 원하는 결과를 얻을 수 있다고 믿습니다. 그래서 시간을 생산적으로 사용할 때 삶의 의미와 보람을 느낍니다. 완벽주의자는 항상 바쁘게 살며, 일에서도 꼼꼼합니다. 자기만족을 위해 많은 시간과 노력을 들여 집중하는 모습 때문에 다른 사람들에게 '워커홀릭(Workaholic)'으로 불립니다. 그러나 완벽주의자의 마음속에는 타인에게 평가받는 것에 대한 두려움, 실수에 대한 불안, 불확실성에 대한 걱정이 내재되어 있습니다. 그래서 항상 철저하게 검토하고 계획해야 안심이 됩니다.

최근에는 완벽주의의 긍정적인 측면에 관한 연구가 많습니다. 완벽주의자이지만 불안과 긴장을 잘 조절하고, 상황에 따라 유연하게 대처하는 사람들을 '기능적 완벽주의(Functional Perfectionism)'자라고 합니다. 이들은 체계적인 계획과 원칙을 유지하면서도 필요할 때는 기존의 원칙을 바꿀 줄 압니다. 이들은 실수나 실패에 집착하지 않고, 그 안에서 배울 점을 찾아 자기발전을 이어갑니다.

하지만 완벽주의가 지나치면 비효율적인 원칙에 갇혀 더 나은 선택을 하지 못하거나, 작은 실수도 견디지 못해 성취 과잉상태가 되고, 실패에 대한 자기비난이 커져 우울과 절망감에 빠질 수 있습니다. 이는 역기능적 완벽주의(Dysfunctional Perfectionism)에서 나타납니다. 따라서 완벽주의 성향을 잘 다루어 건강한 성장을 할 수 있도록 노력할 필요가 있습니다.

역기능적 완벽주의자는 문제해결 방식에서 유연성이 부족합니다. 상황이나 맥락을 고려하지 않고 원칙적으로만 문제를 해결하려 하기에 융통성이 낮습니다. 다양한 대안적인 생각이 부족해 늘 같은 방식으로 문제를 해결하려 합니다. 따라서 평소에 다양한 질문을 자신에게 던져 스스로를 객관화하고, 다차원적으로 선택을 결정해나가는 게 좋습니다.

    나의 생각이 효율적인가?
    서로에게 도움이 되는가?
    대안적인 방법에는 무엇이 있나?
    나의 관계가치에 맞는 선택인가?

이보다 딱 맞을 순 없을걸!

역기능적 완벽주의자에게는 대체로 다음과 같은 특징이 나타납니다.

- 일단 일을 시작하면 끝을 내야 마음이 놓인다.
- 모든 일을 완벽하게 하는 것이 매우 중요하다.
- 내가 하는 모든 일은 최고 수준이어야 한다.
- 휴일에도 무언가를 해야 안심이 된다.
- 내가 한 실수를 발견하면 매우 속상하다.
- 일이 느리게 진행되거나 계획대로 안 되면 화가 난다.
- 일을 잘 해내지 못했을 때 스스로를 심하게 책망한다.
- 중요한 결정을 할 때 고민하느라 의사결정이 지연된다.
- 노력을 안 하는 사람들을 보면 참기 힘들다.
- 계획이 갑자기 바뀌거나 예측 못 한 일이 생기면 매우 당혹스럽다.

캐나다의 심리학자 고든 플렛(Gordon Flett)과 폴 휴이트(Paul Hewitt)는 완벽주의를 유형별로 나누었는데, 자기 지향 완벽주의, 타인 지향 완벽주의, 사회 부과 완벽주의가 그것입니다.

자기 지향 완벽주의(self-Oriented Perfectionism)
자신에게 높은 기준을 세우고 엄격하게 평가하며 완벽을 추구합니다. 성장을 돕지만, 과도하면 불안과 무기력을 초래할 수 있습니다.

타인 지향 완벽주의(Other-Oriented Perfectionism)
타인에게 완벽을 요구하고, 타인을 높은 기준으로 평가합니다. 리더십과 목표달성에 도움을 주지만, 관계갈등을 일으킬 수 있습니다.

사회 부과 완벽주의(Socially Prescribed Perfectionism)
주변 사람들이 나에게 높은 성취를 기대한다고 믿고 그에 맞추려 합니다. 성취감을 줄 수 있지만, 타인의 기준에 도달하지 못할까 걱정하게 만듭니다.

완벽주의의 장점을 잘 활용하면 원하는 성취나 성공을 향해 도전적으로 나아갈 수 있습니다. 하지만 완벽주의의 역기능에서 벗어나지 못하면 열심히 노력해도 일과 관계에서 만족감이 적고 항상 초조하고 긴장할 수 있습니다. 완벽주의는 장점이 많지만, 그 틀에서 벗어나 효율성을 고려하지 않으면 자신을 그 틀에 가두게 됩니다. 따라서 수시로 자신의 모습을 잘 살피며 마음의 여유를 찾아야겠습니다.

> "내 삶의 모습을 잘 살펴 마음의 여유를 만들어보세요.
> 심신의 이완이나 휴식도 완벽하게 해내보는 거죠.
> 진정한 성장은 내면의 평화와 조화에서 비롯됩니다."

오늘을 미루면 내일엔 두 배

미루는 습관을
바꾸는 단계별 방법

'지금 해야 하는데….'

해야 할 일을 자꾸 미룰 때가 있습니다. 당장 해야 한다고 생각하면서도 막상 시작하려고 하면 두려움과 부담감 때문에 계속 미루곤 합니다. 해야 할 일이 지연되다 보니 다른 일을 하면서도 마음이 편치 않고, 급히 서둘러서 일을 미무리하거나 일이 쌓이는 것을 견디지 못해 아예 피해버립니다. 그러다 보면 결국 자책과 후회로 이어져 자신에 대한 부정적인 인식을 갖게 되고, 이는 다시 의욕저하와 무기력을 야기합니다.

미루기 습관은 여러 가지 원인이 복합적으로 얽혀 발생합니다. 그중 대표적인 원인들은 다음과 같습니다.

완벽주의 문제
스스로에게 최고 수준을 요구하는 완벽주의자는 결과물에 대한 두려움과 불안감이 커서 시작 자체를 미루는 경향이 있습니다.

시간관리 문제

시간을 효율적으로 계획하고 분배하는 능력이 부족한데 여러 일을 동시에 처리해야 할 때 일을 미루게 됩니다.

의욕 부족

목표에 대한 의욕이 부족하거나 동기부여가 되어 있지 않다는 것은 일을 시작하거나 완료하는 데 필요한, 중요한 힘이 없다는 의미와 다르지 않습니다.

과도한 업무부담

업무가 많거나 복잡할수록 일을 처리하는 데 있어 꺼리는 마음이 들고, 결국 일을 미루게 됩니다.

피로와 스트레스

지나친 피로와 스트레스가 쌓이면 과정에서의 시행착오나 노력에 대한 부담을 피하려는 경향이 있어 미루기 습관이 생깁니다.

구조화 능력 부족

일의 분량이나 작업에 소요되는 시간을 잘못 판단하면 일을 미루게 됩니다. 일을 미루면서 얻는 가시적이고 단기적인 이점에 의존해버릴 수도 있습니다.

이런 원인들은 개성과 가치관에 따라 다르게 작용합니다. 때문에 미루는 습관을 극복하기 위해서는 적절한 자기계발 전략이 필요합니다.

미루기 습관을 개선하기 위한
구체적인 대처방법은 다음과 같습니다.

1. 목표 설정하기
   - 가장 먼저 해야 할 일이나 목표를 설정합니다.
   - 단기 · 중기 · 장기 목표를 세우고 체계적으로 일정을 계획합니다.

   ### [단기목표] 사례
   - 1주일 이내에 학습한 내용을 바탕으로 영어발표 레포트를 작성한다.
   - 다음 달까지 운동을 시작해 매일 30분씩 산책한다.

   ### [중기목표] 사례
   - 6개월 동안 매주 주말마다 기초회화를 공부하여 영어회화 실력을 향상시킨다.
   - 1년 내에 현직에서 승진하기 위해 필요한 업무능력과 리더십을 갖춘다.

   ### [장기목표] 사례
   - 3년 이내에 전문자격증을 취득하여 전문성을 인정받는다.
   - 5년 내에 내 사업을 시작해 원활한 기업운영 경험을 쌓는다.

위에서 언급한 예들처럼 구체적이고 현실적인 목표를 세워야 합니다. 진행상황을 꾸준히 점검하며 필요한 경우 상황에 맞게 목표를 조절해 나갑니다.

2. 작은 단위로 나누기

처음부터 모든 것을 다 이루려고 하면 부담감에 회피반응이 일어날 수 있습니다. 효과적인 방법은 해야 할 일을 작은 단위로 나눠서 처리하는 것입니다. 세부적인 단계별로 진행하며 성취감을 느끼는 데 초점을 두세요. 그래야 다음 단계로 나아갈 동기와 열정이 유지됩니다.

3. 우선순위 고려하기

효율적인 시간활용을 위해서는 우선순위를 명확히 하는 것이 중요합니다. 중요한 일을 살펴서 우선해서 처리하고, 나머지 할 일을 차근차근 계획해서 진행합니다.

4. 스스로에게 보상하기

일을 끝냈다면 성취감을 위해서 스스로에게 작은 보상을 계획합니다. 보상은 다음 목표를 설정하는 동기가 됩니다.

[자기보상]의 사례

- 음식 : 좋아하는 디저트를 먹거나, 친구들과 함께 맛있는 식사를 즐기기
- 취미활동 : 영화 관람, 책 구입, 전시회 참여 등 취미활동을 즐기기
- 여가시간 : 소설 읽기, 영화 감상, 놀이공원 방문 등으로 여가시간을 보내기
- 기념하기 : 목표달성에 따른 사진을 찍거나 달성지점을 적어 기록하기
- 자기관리 : 힐링이나 치유를 느낄 수 있는 서비스를 이용하기
- 경험적 보상 : 특별한 경험, 새로운 활동을 즐기기

보상할 때 주의할 점은 매번 동일한 종류의 보상이어서는 안 된다는 것입니다. 목표의 크기나 자신의 상황에 맞게 다양한 보상을 주는 것이 중요합니다. 이를 통해 실행력을 향상시키고, 더 큰 목표를 향해 도전해나갑니다. 또한 자기격려를 통해 동기와 의지를 강화합니다.

[자기격려]의 사례

나에 대한 응원
- 자신에게 격려의 말을 자주 해보세요.
  "나는 할 수 있다!"
  "지금보다 더 성장할 것이다!"
  "나는 충분히 가치 있는 사람이다!"

과거 성공경험 상기
- 과거의 성공경험을 되새겨보세요.
  "지난번 프로젝트를 성공적으로 해냈었지."
  "어려운 과제를 해본 적이 있잖아. 지금도 천천히 잘해보자!"

힘든 순간을 격려
- 힘든 상황을 대처해나갈 수 있도록 생각을 전환해보세요.
  "지금이 힘든 순간이더라도 금방 나아질 거야."
  "나는 지금까지도 극복해온 경험이 있으니, 이것도 이겨낼 수 있어."
  "이 또한 배워나가는 과정이야."

도전을 촉진하기
- 긍정적인 말로 의지와 활력을 유지하세요.
  "어려움이 곧 성장의 시작이야."
  "불가능한 것은 없어. 아직 시도해보지 않은 것뿐이야."
  "자신을 믿고, 무엇이든 할 수 있다고 생각해."
  "자신의 한계는 스스로가 정한다. 그러니 한계를 늘려보자."

5. 꾸준한 자기성찰

자신과 관련된 활동을 지속적으로 성찰하며 행동을 개선해나가도록 합니다. 습관은 반복에서 비롯되니 중도에 실패하더라도 다시 시작하는 마음가짐으로 행동을 이어나갑니다. 또한 새로운 습관을 연습하는 과정에서 느낀 점을 기록하며 내면의 성장을 이루어갑니다.

> **[자기성찰] 활동의 사례**
>
> - 일기 쓰기 : 매일 일기를 쓰는 것은 자신의 생각과 감정, 일상의 행동을 되짚어볼 수 있는 좋은 방법입니다. 한 주의 마지막 날에 일기를 읽어보면서 한 주 동안 있었던 일들에 대해 되새겨보세요.
>
> - 목표와 계획 점검 : 주간이나 월간 계획표를 작성하고, 기간마다 스스로의 목표와 계획을 점검하며 평가해보세요. 이를 통해 자신의 발전과 성장을 느낄 수 있습니다.
>
> - 성공과 실패 사례 분석 : 자신의 경험 중 성공과 실패 사례를 상기해보고, 그 원인과 결과를 분석해보세요. 또한 배운 점과 개선해야 할 부분을 살펴서 이를 바탕으로 앞으로 어떻게 행동해야 할지 생각해봅니다.
>
> - 정기적인 자기관찰 : 하루를 마무리하기 전에 짧은 시간이라도 자신을 모니터링하는 시간을 가져보세요. 그날의 행동을 되짚어보고, 어떻게 개선하면 좋을지에 대해 생각해보세요.
>
> - 상황 연습법 : 힘든 상황이나 역경에 대비해 상황을 가정하고 연습해보세요. 이 방법은 실제로 어려운 상황에 놓였을 때 적절한 행동과 태도를 유지할 수 있도록 도와줍니다.

"삶은 매일 도전과제를 던져주죠.
가장 큰 성장은 두려움과 어려움을 마주하는 것이며,
그 순간 우리는 진정한 자신을 발견하게 될 거예요."

마음 챙김

내 곁에 있는
행복을 찾아

이제
지난 한 해 동안
자신과 함께했던
고마운 분들을 떠올려 봅니다.

마음으로
한 분 한 분의 얼굴을
가까이 그려 봅니다.

마음의 눈으로
지금 떠올린 그분에게
고마움과 감사의 마음을 전해봅니다.

그분과의 순간과 시간을

가만히 그려봅니다.

마음을 다해

고마운 분에게 축복과 사랑을 보냅니다.

감사합니다….

고맙습니다….

사랑합니다….

미처 전하지 못한

내 마음을

온전히

건네어봅니다.

삶의 즐거움과 고요함은 모두 자기 안에 있습니다. 살아가다 보면 어느 날은 감당하기 어려운 느낌이 밀려올 때가 있습니다. 그럴 때면 복잡한 마음에서 빠져나와 얼마간이라도 좋아하는 음식이나 차를 즐기며, 또는 산책이나 명상을 하며 마음회복을 위한 치유의 시간을 갖도록 합니다. 그리고 주변의 작은 일에서 감사의 순간을 찾아보세요. 감사의 마음은 스스로가 만들어나가는 것입니다. 사소한 행복을 찾는 연습을 해보세요.

갈림길에 서 있을 때

가치 있는 삶을
살기 위한 방법

내 삶의 가치는 무엇입니까?

누구나 내가 가치로 여기는 것이 무엇인지 생각하는 것은 어렵지 않습니다. 하지만 가치에 기반한 삶을 살아가고 있는가에 대답하는 것은 쉽지 않은 일입니다. 가치란 삶의 동기를 부여할 뿐만 아니라 크고 작은 역경을 만날 때 나아갈 방향을 안내해주는 나침반과 같은 역할을 합니다. 또한 딜레마를 다루는 과정에서 의미 있는 선택을 할 수 있도록 돕는 안내자가 되기도 합니다.

**삶에는
크고 작은 선택이
끊임없이 이어집니다.**

하루에도 여러 번 사소한 결정을 해야 하고, 이런저런 고민에 여러 날을 보내는 중요한 결정을 할 때도 있습니다. 때론 어떤 게 옳은 결정인

지를 두고 불면의
밤을 보내야 하는
딜레마 상황에 놓이
기도 합니다. 특히 좋아하는 것과 해
야 하는 일과의 갈등이라든가, 부모나 배우
자, 연인 등 중요한 대상과의 욕구갈등 상황에서
는 한쪽을 선택하는 게 더욱 어렵습니다. 누구나 후
회 없는 선택을 하고 싶어 합니다. 이때 합리적인 결
정을 위한 기준이 있다면 더 나은 선택을 할 수 있을
거예요.

**가치는 양자택일의 상황에서
합리적인 하나의 선택을 하는 데
도움을 주는 유용한 자산입니다.**

우리는 사는 동안 여러 일에서 실패를 경험합니다. 깊은 실망감과 좌절감을 느낄 때 가치는 자신의 길을 나아가게 하며 두려움과 불안의 장벽을 낮춰주는 역할을 합니다. 마치 바다를 항해하다가 풍랑을 만나 항로를 이탈했을 때 길잡이가 되는 북극성이나 등대와 같다고 해야 할까요. 인생에서 늘 옳은 선택을 할 수는 없겠지만, 가치에 기반한 선택은 역경을 만나더라도 후회보다는 의지를 북돋아 줍니다.

별을 따다 너에게 줄게.

가치를 찾기 위한 첫걸음은
당신 안에 있습니다.

가치탐색을 위해서는 자신이 의미를 두는 것이 무엇인지를 생각해봐야 합니다. 그 후에 가치에 일치되는 행동을 만들어 실천해보세요. 먼저 가치를 규명하기 위해서 삶의 영역별로 가치를 세분화합니다. 이는 가치에 일치되는 행동계획에 도움이 됩니다. 가령 가족, 연인, 친구, 동료, 일, 여가, 영성, 건강 등으로 나눠보고 각각 가치를 만들어보세요.

영역별 가치는 서로 같을 수도, 다를 수도 있습니다. 가족과 친구의 영역에서 추구하는 가치가 모두 '배려'일 수도 있고, 때론 가족가치는 '배려'이지만 친구가치는 '신뢰'일 수 있습니다. 다음은 가치를 탐색하는 자기질문입니다.

> 나는 가족들과 어떻게 지내고 싶은가?
> 나는 어떤 친구가 되고 싶은가?
> 내가 건강을 돌보는 이유는 무엇인가?
> 이 직업을 갖는 것은 내게 어떤 의미가 있는가?

영역별로 가치를 정한 후에는 가치에 일치되는 작은 행동을 계획해봅니다. '배려'라는 가치에 일치되는 행동으로서 한 주간 가족의 의견을 수용하거나 경청해보고, '신뢰'의 가치를 두었다면 대화를 할 때 거짓이나 이유를 대지 않고 진솔하게 이야기해보는 것이지요. 단, 가치에 따른 행동을 계획할 때는 '~ 하지 않기'가 아닌 '~ 하기'로 목표를 세우도록 합니다. '다른 사람을 비난하지 않기' 대신 '다른 사람을 배려하기'로 계획을 세웁니다. 자신이 해서는 안 되는 일에만 집중하다 보면 긍정적인 경험이나 즐거움을 놓치기 쉽습니다.

가치 있는 삶은 특정한 결과에 도달하는 것이 아니라 그러한 결과를 꾸준히 추구하는 과정에 의미가 있습니다. 가치에 부합하는 삶은 자신이 선택한 경로를 따라가는 삶입니다. 그런데 최종 목적지에 이르려면 경로를 조금씩 변경할 필요도 생기며 그 과정에서 다양한 감정과 경험을 기꺼이 감내해야 할 때도 있습니다. 심지어 항상 원하는 결과를 얻지 못할 수도 있지만, 자신의 가치에 따른 삶을 살아갈 때 인생의 의미와 즐거움을 느낄 수 있고, 자유로움을 그 안에서 경험할 수 있습니다.

"가치는 다른 이에게 보이고자 하는 것이 아니라 스스로를 위한 돌봄입니다. 무의미하게 흘러가는 시간에 숨결을 불어넣어 보세요."

아프면 울어도 돼

초 판 발 행	2025년 01월 06일 (인쇄 2024년 10월 30일)
발 행 인	박영일
책 임 편 집	이해욱
저 자	김도연
편 집 진 행	김준일 · 이세경
표지디자인	김도연
편집디자인	임아람 · 채현주
일 러 스 트	기도연
발 행 처	(주)시대인
공 급 처	(주)시대고시기획
출 판 등 록	제10-1521호
주 소	서울시 마포구 큰우물로 75 [도화동 538 성지 B/D] 9F
전 화	1600-3600
팩 스	02-701-8823
홈 페 이 지	www.sdedu.co.kr

I S B N	979-11-383-8131-4 (03190)
정 가	18,000원

※ 이 책은 저작권법에 의해 보호를 받는 저작물이므로, 동영상 제작 및 무단전재와 복제, 상업적 이용을 금합니다.
※ 이 책의 전부 또는 일부 내용을 이용하려면 반드시 저작권자와 (주)시대고시기획 · 시대인의 동의를 받아야 합니다.
※ 잘못된 책은 구입하신 서점에서 바꾸어 드립니다.
※ '시대인'은 종합교육그룹 '(주)시대고시기획 · 시대교육'의 단행본 브랜드입니다.